Hans-O. Marquass

MACH'S EINFACH!

Job, Beruf und Karriere
mit Magnetschmuck von ENERGETIX

ENERGETIX
— BINGEN —

Bibliografische Information der Deutschen Nationalbibliothek
Die deutsche Nationalbibliothek verzeichnet diese Publikation in der Deutschen
Nationalbibliografie; detaillierte bibliografische Daten sind im Internet über
http://dnb.d-nb.de abrufbar.

1. Auflage/2014

Bildquellen:
Bild Seite 5: ENERGETIX GmbH & Co. KG/Fotograf Heiko Prigge
Bild Seite 84: Presseamt Münster/Andreas Lechtape

Alle übrigen Bilder in diesem Buch wurden von den jeweiligen ENERGETIX Geschäftspartnern
zur Verfügung gestellt.

ISBN: 978-3-9816798-0-9

**Verehrte Interessenten,
liebe Geschäftspartnerinnen und
Geschäftspartner von ENERGETIX,**

ich freue mich, dass ich Ihnen dieses Buch über-reichen darf. Partner, Freunde und Mitarbeiter von ENERGETIX wissen, mit wie viel Spaß und Freude der direkte Vertrieb unseres Schmucks verbunden ist. Sie alle schätzen die überaus herzliche Atmosphäre und die Freiheit, die cha-rakteristisch für unsere Arbeit ist. Ihnen einen Eindruck von dieser Grundstimmung zu vermit-teln, das ist das Anliegen dieses Buches.

Vielen Dank allen, die beim Entstehen dieses Buches geholfen haben. Grundlage für dieses Stimmungsbild von ENERGETIX waren viele Interviews, in denen Geschäfts-partner von ihrer Tätigkeit und ihren Karrieren berichtet haben. Danke für die offe-nen und ehrlichen Antworten.

Dank auch an den Autor Hans-O. Marquass, der das Unternehmen im achten Jahr begleitet, und Dank an Sophie Marwedel M.A., die zur Entstehung des Buches einen ganz wesentlichen Beitrag geleistet hat.

Ich wünsche mir, dass es dem Buch gelingt, Ihnen einen realistischen Eindruck vom Unternehmen ENERGETIX zu vermitteln und Sie in Ihrem Entschluss bestärkt, als selbstständiger Geschäftspartner mit uns zusammenzuarbeiten. Bei allem, was Sie auf den folgenden Seiten lesen werden, lassen wir uns gerne beim Wort nehmen.

Guten Start und viel Erfolg,

Ihr Roland Förster
Inhaber und Geschäftsführer

INHALTSVERZEICHNIS

ZU DIESEM BUCH   10

TEIL I – ERLEBTE ERFOLGE   13

EINFACH ANFANGEN   14

Dave Neumark
Einfachste Fragen – Riesenerfolg   14

Kira Neukirch
Immer ausreichend Zeit für Maya, die dreijährige Tochter   18

Dagmar Fürstenau
Der Start gelingt auch ohne Freundes- und Bekanntenkreis   21

Birgit Speck
Entscheidungen selbst treffen! Nicht entmutigen lassen! Dranbleiben!   24

ENERGETIX ALS ZWEITES STANDBEIN   27

Tino Sielaff
Neue Orientierung: Schritt für Schritt in den Fulltime-Job   27

Nicole Herbst
Alles geht – nichts muss. Schmuckverkauf auf die ganz leichte Art   31

Sabine Kaiser-Martin
Das Zwei-Job-Modell   34

GESCHÄFTSPARTNER IM HAUPTBERUF   37

Karin und Klaus Becker
Unternehmerpersönlichkeiten im Direktvertrieb mit weltweiten Aktivitäten   37

Sabine und Jörg Breda
Durchhalten, dranbleiben, ausprobieren – immer wieder   41

Silvia Leuschner
Jeder zieht die Leute an, die zu ihm passen   45

Biba und Pino Marseglia
Was hat der andere davon, dass es mich gibt?   49

Inge Møller Nielsen
Immer für das Team arbeiten – aber auch für sich selbst   53

Bernd Lindhauer
Vom Verkaufs-Vollprofi zum Schmuckberater aus Leidenschaft   56

Eva Firus
Du gehörst dazu, auch wenn's gerade nicht so gut läuft   59

VON ANDEREN DIREKTVERTRIEBEN ZU ENERGETIX   62

Dominique und Roland Strauß
Nie wieder Direktvertrieb – jetzt suche ich mir was Gescheites   62

Sandra Schöneweiß
Die Tochter ist der Hauptberuf   66

Meike Burdorf
Raus aus dem Phlegma! Dem Optimismus wieder mehr Raum geben!   69

Dagmar Hüser
Die vorhandenen Stärken entdecken   72

Christine Moussu
Job mit Herz   75

DIE ALTERNATIVE FÜR SELBSTSTÄNDIGE   79

Andreas Räwel
Super drauf: Wenn er von ENERGETIX redet, glänzen seine Augen   79

Ralf und Sabine Schmülling
Chance gesehen und ergriffen: vom Meisterbetrieb zum Direktvertrieb   83

Andrea Weinschenk
Endlich angekommen: Selbstständigkeit nach ganz individuellem Zuschnitt   86

ENERGETIX ALS STEIGERUNG DER KARRIERE   90

Renée Piguet
Karriere einer Kosmopolitin   90

Anke Hesse-Michaelis
Direktvertrieb auf hohem Niveau   94

Ulrich Lang
Leuchtturm mit kraftvollen Visionen   98

MIT ENERGETIX IN EIN ANDERES LAND   102

Merja Ferahyan
Starke Frauen im hohen Norden   102

Elke Thiel
Elke allein in Österreich – und trotzdem erfolgreich   105

Corianne Sproncken und Thomas Weisse
Arbeiten, wo andere Urlaub machen   109

Marko Steiner
Auf dem Boden des Gesetzes: Direktvertrieb in Italien   112

GENERATION 50 +   115

Wolfgang Düsener
Die Ü-60-Party: Es ist nie zu spät!   115

Hanneke und Lambert Brouwers
ENERGETIX – Spielfeld für die 2. Halbzeit   119

Marga und Heinz Berkels
Von der Gärtnerin zur Schmuckberaterin   123

DEM LEBEN EINE WENDE GEBEN   126

Margreth und Sjaak Janssen
Das wunderbare Gefühl, Menschen eine Zukunft zu geben   126

Ulrike Lemmel und Jochen Stolz
Topverdienst – aber nur bei kontinuierlicher Arbeit   130

Marie-Laure und Michel Obéron
Die Revolution im Kopf   134

Erika Ulrich
Lebensqualität mit Wertschätzung und Anerkennung   137

Kerstin Zschäckel
Eine ENERGETIX Karriere in Gera 140

Sabine Marthiensen
Freiheit pur – die Riesen-Chance mit ENERGETIX 143

TEIL II – GESAMMELTE ERFAHRUNGEN 147

GESAMMELTE ERFAHRUNGEN 148

Einfach starten 149

Sich selbst ein Bild machen 150

Vergleichen mit anderen Direktvertriebs-Unternehmen 150

Vergleichen mit klassischer Selbstständigkeit 151

Voll einsteigen oder mit dem 2. Standbein 152

Zweigleisig fahren: Schmuckverkauf und Teamaufbau 154

Kontakte knüpfen 156

Ziele setzen 157

An Trainings teilnehmen 159

Persönlichkeit entwickeln 160

Geld verdienen 161

Frei arbeiten 162

Den Einbruch überwinden 163

Selbstverständliches beachten 164

Berufe/Tätigkeiten der hier vorgestellten Geschäftspartner 167

Über den Autor 169

ZU DIESEM BUCH

Auf den folgenden Seiten werden Sie Menschen kennenlernen, die irgendwann in ihrem Leben gesagt haben: „Okay, ich mach's!" Gemeint ist die Tätigkeit mit exklusivem Designschmuck von ENERGETIX, der durch die integrierten Magnete noch einmal besonders interessant wird.

Die Herausforderung dieses Buches ist seine Glaubwürdigkeit. Es werden zwar keine Versprechungen gemacht und Erfolge werden immer nur im Zusammenhang mit entsprechendem Einsatz dargestellt, nach dem Motto: Von nichts kommt nichts. Aber dennoch werden Sie die geschilderten Beispiele der Tätigkeiten selbstständiger Geschäftspartner als zu schön empfinden, um sie dem wahren Leben zuordnen zu wollen. Es nützt auch nichts, die Wahrheit zu beteuern; dadurch wird sie nicht greifbarer.

Ich möchte Ihnen stattdessen ein Erlebnis schildern, dass ich vor einigen Jahren mit einer Geschäftspartnerin während einer nur fünfminütigen Autofahrt hatte. Wir kamen von einem Motivationstraining in Bingen. „Und, wie hat es Ihnen gefallen?", fragte ich sie. „Das Training war sehr gut, *aber ich weiß nicht, ob der Beruf für mich das Richtige ist.*" Welche Bedenken sie habe, wollte ich wissen. „Es klingt alles zu schön. Das kann doch nicht echt sein. Kein Leistungsdruck, kein Risiko, freie Zeiteinteilung und was weiß ich sonst noch alles. Und dann diese Herzlichkeit! Ich bin jetzt seit einem halben Jahr dabei, aber ich weiß immer noch nicht, ob man uns hier nicht was vorgaukelt."

Ich war kein bisschen überrascht, denn ich hatte die Branche seit mehreren Jahren beobachtet und kannte die *Vorurteile und Vorbehalte – die unberechtigten und die berechtigten*. „Ich kann Sie völlig verstehen", erwiderte ich. „Ich hatte die gleichen Bedenken, bevor ich das Unternehmen zwei Jahre von außen gesehen habe und jetzt seit mehreren Jahren von innen. Ich versichere Ihnen: Alles ist echt. Die meinen das wirklich so. Die sind so. Ich wäre sonst nicht mehr hier." „Echt?" „Ja, echt. Ich kann Ihnen aus meiner Sicht nur einen Rat geben: Lassen Sie sich ein halbes Jahr lang in die Dynamik des Unternehmens fallen. Gehen Sie zu den Trainings. Je mehr Schmuckpräsentationen Sie machen, desto mehr Weiterbuchungen werden Sie haben – automatisch. Das wird mir immer wieder erzählt. Machen Sie beim Wettbewerb mit. Wenn Sie die Bedingungen erfüllen, gehen Sie auf die Reise und Ihr Team ist größer geworden – fast automatisch. Und so weiter. Es klingt unwahrscheinlich, aber *wenn Sie am Ball bleiben, kommen Sie in eine Dynamik, in einen Rhythmus, dass die Sache fast wie von selbst läuft.*" „Echt?" „Echt!"

Wir waren am Ziel, unser Gespräch war zu Ende. Einige Monate später erkannte ich die Dame auf einem Foto unter den Teilnehmern der jüngsten Wettbewerbsreise. Kurz danach tauchte ihr Name im STARCLUB auf. Das ist die höchste Auszeichnung, die ENERGETIX vergibt. Und einige Tage später läutete mein Telefon: „Herr Marquass, ich wollte mich mal bei Ihnen bedanken. Ich war damals tatsächlich auf dem Absprung. Nach unserem Gespräch habe ich mir gesagt: Ich probier' das jetzt ein halbes Jahr, und Sie sehen ja selbst."

Das war nett!

Ich will aber nicht verschweigen, dass es in der Folgezeit bei dieser Geschäftspartnerin einen Umsatz- und Einkommensrückgang gegeben hat. Es gab hierfür keine Erklärung, aber wichtiger ist, dass sie den **Rückgang durch ein Mehr an Aktivität wieder beseitigt** hat. Fast jeder Geschäftspartner erlebt diese Phase oder auch mehrere davon.

In diesem Zusammenhang möchte ich Ihnen von einem Interview erzählen, das ich für eine Titelstory einer großen Fachzeitschrift der Direktvertriebsbranche führen durfte. Meine Gesprächspartnerin war die fantastische Ausnahmesportlerin Franziska van Almsick. Ich stellte ihr die Frage, welche Rolle Ziele in ihrem jetzigen, neuen Leben spielen, nach Aufgabe der sportlichen Karriere. Ihre Antwort war sehr überraschend, von verblüffender Ehrlichkeit und für jeden von uns sehr beruhigend. Frau van Almsick sagte: „Natürlich setze ich mir Ziele. Aus meiner sportlichen Karriere habe ich gelernt, dass es wichtig ist, sich Ziele zu setzen, die realistisch sind. Träumen ist schön, aber man muss so realistisch sein, dass man sagen kann: Irgendwann bin ich mal da. Es muss nicht nächstes Jahr sein, aber irgendwann. Ich sage es noch einmal: **Es ist wichtig, sich realistische Ziele zu setzen, die erreichbar sind**. Und dann immer in kleinen Schritten arbeiten, denn viele kleine Schritte ergeben eine große Wegstrecke. Bei kleinen Schritten wird man unterwegs nicht so schnell müde, und man erlebt weniger Enttäuschungen. Auf dem Weg nach oben oder zum Ziel darf man auch einmal einen Schritt zurückgehen. Möglicherweise mal ein halbes oder ganzes Jahr dabei zu haben, in dem es mal nicht so gut läuft, das gehört einfach dazu. Ein großes Ziel kann man nur erreichen, wenn man in der Lage ist, vorwärts und rückwärts zu gehen. Keiner, der in seinem Leben etwas Großes erreicht hat, ist immer nur vorwärts gegangen. Ab und zu muss man einen Schritt zurückgehen, um sich zu orientieren. Denn möglicherweise ist man den Schritt, den man zu schnell war, zu weit links gegangen oder zu weit rechts. Deshalb ist es manchmal ganz gut, sich zu orientieren, um dann wieder einen klaren Blick nach vorn zu haben. Also immer realistisch bleiben und sich auch mal einen Blick zurück gönnen. **Man ist kein schlechter Verkäufer oder Geschäftspartner, wenn man mal eine Durststrecke hat**. Das gehört dazu. Man kann im Leben nicht permanent nur tolle und positive Ergebnisse haben."

Keiner, der in seinem Leben etwas Großes erreicht hat, ist immer nur vorwärts gegangen. Diesen Satz sollte man sich merken, ebenso die Tipps zur Zielsetzung, die uns Franziska van Almsick gibt: sich realistische Ziele setzen, die erreichbar sind. Und dann in kleinen Schritten arbeiten. Wenn Sie diese Hinweise beachten, dann haben Sie gute Chancen, mit dem exklusiven Designschmuck von ENERGETIX erfolgreich zu sein. Alle Menschen, die in diesem Buch beschrieben werden, haben sich zu Beginn ihrer Laufbahn Ziele gesetzt und tun es heute noch immer wieder. Sie werden unterschiedlichste Charaktere, Altersgruppen und Bildungsstände kennenlernen. Sie werden von dramatischen Lebenswegen lesen mit positiver Wendung, auch von der Leichtigkeit des Seins, und Sie werden viele „ganz normale" Menschen kennenlernen. Vielleicht erkennen Sie in der ein oder anderen Geschichte einen Teil Ihres eigenen Lebens. Und vielleicht sagen Sie sich beim Lesen der Erfolgsgeschichten: „Ich glaub', das wär auch was für mich. Mach's einfach!"

Das wäre nett. Deshalb wurde dieses Buch geschrieben.

Ich wünsche Ihnen viel Erfolg.
Hans-O. Marquass

TEIL I

ERLEBTE ERFOLGE

EINFACH ANFANGEN

„Mach's einfach!" Es gibt viele Hundert Geschäftspartner von ENERGETIX, die nach diesem Motto gestartet sind. Wenn es um einen neuen Beruf geht, muss man sich nicht in den ersten Sekunden entscheiden; kann man aber. Mancher braucht etwas länger, vielleicht um seine Zweifel zu überwinden oder auch Vorurteile – berechtigte und unberechtigte. Machen Sie sich selbst Ihr Bild! Lernen Sie die Tätigkeit kennen und die Menschen, die sie ausüben. Sie riskieren nahezu nichts; die Investition am Anfang beträgt wenige Euro. Aber wenn Sie entdecken, dass der direkte Vertrieb von exklusivem Designschmuck Ihr Ding ist, dann erwartet Sie einiges. Um das herauszufinden, müssen Sie einfach anfangen.

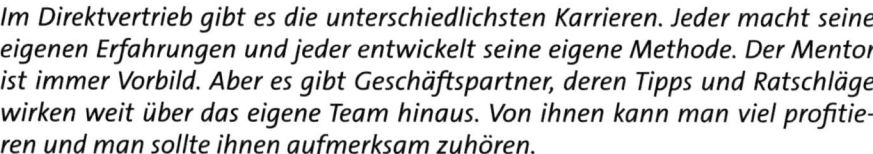

Im Direktvertrieb gibt es die unterschiedlichsten Karrieren. Jeder macht seine eigenen Erfahrungen und jeder entwickelt seine eigene Methode. Der Mentor ist immer Vorbild. Aber es gibt Geschäftspartner, deren Tipps und Ratschläge wirken weit über das eigene Team hinaus. Von ihnen kann man viel profitieren und man sollte ihnen aufmerksam zuhören.

Dave Neumark

Einfachste Fragen – Riesenerfolg

Dave Neumark gehört zu den Geschäftspartnern, die den Titel dieses Buches beherzigt haben, lange bevor es geschrieben war. Sein Anfang mit ENERGETIX lässt sich kaum treffender beschreiben: Er hat's einfach gemacht. Er brauchte 30 Sekunden vom allerersten Kontakt mit Schmuck und Job-Idee bis zu seiner Entscheidung aus dem Bauch heraus: Ja, ich steige ein!

Nach 30 Sekunden eingeschrieben

Der gelernte Automechaniker hatte nach fünf Jahren in der Werkstatt über 15 Jahre sein Geschäft „Pinocchio Kinderland" aufgebaut und erfolgreich geführt, als er bei einem Messebesuch am Stand von ENERGETIX vorbeikam. Der Schmuck war ihm aufgefallen. Dave hatte keine Ahnung, was eine Homeparty sein könnte, aber da er den ganzen Tag in seinem Geschäft mit Frauen zu tun hatte, wusste er, dass immer ein enormes Interesse an Schmuck besteht. Dave hat sich sofort am Stand nach jenen 30 Sekunden eingeschrieben. Das war 2004. Bis heute ist dieser Rekord nicht unterboten worden.

In seinem Ladenlokal widmete er dem neuen Schmuck gerade einmal einen halben Quadratmeter – aber es lief von Anfang an gut. Das Interesse der Kundinnen, die doch eigentlich aus einem ganz anderen Grund ins Geschäft gekommen waren, war vom ersten Tag an sehr groß. Dave machte seine ersten Homepräsentationen, aber den Schwerpunkt seiner Aktivitäten fand er sehr bald im Messebereich. Und sehr schnell entwickelte sich Dave in diesem Umfeld zu einem wahren Meister der neuen Kontakte. Seine Erfolge zeigen: Es ist tatsächlich einfach.

Große Leidenschaft: das Reisen. Ob in Puerto Rico oder Miami – Daves einfache Methode funktioniert überall auf der Welt.

Es lohnt sich für jeden, einen Blick in Daves Repertoire der Interessentenansprache zu werfen, es anschließend einfach selbst auszuprobieren.

Die Kompliment-Methode

Dave weiß, dass jede Frau gerne Komplimente hört, egal von wem. Und jede Frau bietet Anlass für ein Kompliment. Schmuck, Frisur, Kleidung, Fingernägel – irgendetwas fällt immer auf, das signalisiert: Hierauf lege ich großen Wert. Beispiel Fingernägel: Eine Frau kommt auf Daves Messestand zu und hat auffallend schön gestylte Nägel. Dave begrüßt sie: „Sie haben wunderschöne Nägel. Darf ich Ihnen das einmal sagen?" Natürlich darf er. Die Angesprochene freut sich über das Kompliment und ist sofort in guter Stimmung. Dave fragt weiter: „Machen Sie das selbst?" Wenn sich jetzt herausstellt, dass die Dame ihr eigenes Nagelstudio betreibt, ist Dave sofort beim Thema Zusatzgeschäft: „Können Sie sich vorstellen, mit Schmuck zusätzliches

Geld zu verdienen?" Eine Frage, die eine Geschäftsfrau, die über ein eigenes Ladenlokal verfügt, kaum verneinen kann. Wenn sich die Damen ihre Nägel in einem Studio hat stylen lassen, überreicht Dave seinen Flyer mit der kleinen Frage: „Darf ich Sie um einen Gefallen bitten?" Er darf, denn das Kompliment wirkt noch. „Würden Sie diesen Flyer das nächste Mal Ihrer Stylistin übergeben?" Dave weiß: Sie wird es tun.

Die Flyer-Methode

Dave steht *vor* dem Stand – das ist wichtig für den direkten Kontakt – und reicht einer Person, die vorbeigeht, den Flyer. „Kennen Sie den wunderschönen Magnetschmuck?" Bei Ja ist Dave bei seiner Frage: „Können Sie sich vorstellen, mit Schmuck Geld zu verdienen?" Ein Nein ist ihm fast genauso lieb: „Darf ich Ihnen den Schmuck einmal zeigen?" In den allermeisten Fällen darf er und ist im Gespräch.

Die „Sind Sie aus der Nähe?"-Methode

Dave fragt seinen zufälligen Gesprächspartner: „Sind Sie aus der Nähe?" Egal, was dieser antwortet, Dave sagt, dass sein Unternehmen expandiert und er am Wohnort seines Gegenübers Leute sucht. „Kennen Sie jemanden, der mit Schmuck Geld

Nach vielen erfolgreichen Jahren noch sehr viel zu tun: Dave Neumark und seine Frau Bea.

verdienen möchte? Können Sie den Kontakt herstellen?" Und so einfach, wie diese Fragen formuliert sind, so überwältigend ist der Erfolg.

Allen Methoden gemeinsam ist die Zweispurigkeit: Es ist egal, wie die Leute antworten, das Gespräch geht in jedem Fall mit einem positiven Inhalt weiter und mündet in fast allen Fällen in einem neuen Kontakt.

„Das Schöne ist, es funktioniert überall", sagt Dave. „Wichtig ist, am Anfang eine Brücke zu bauen. Erst wenn es warm wird, rede ich über ENERGETIX." Jüngstes Beispiel: Dave und seine Frau Bea, die von Anfang an im Schmuckgeschäft mit dabei ist, sitzen im Restaurant. Am Nachbartisch fällt ihnen ein junger Mann auf, der alleine die Speisekarte studiert. „Wollen Sie sich nicht zu uns setzen?" Der junge Mann ist sehr erfreut über die freundliche Einladung. Wie sich schnell herausstellt, kommt er aus Österreich und arbeitet schon seit einiger Zeit als Monteur in der Schweiz. Man verbringt einen netten Abend, spricht über dies und das – nur nicht über Schmuck. Am nächsten Tag trifft sich Dave mit seinem neuen Bekannten auf der Seeterrasse. Im Laufe der nächsten Stunden kommt das Gespräch irgendwann mal auf das Thema Schmuck und Job-Idee. Nichts für den Monteur aus Österreich, wie sich schnell herausstellt. Aber abends ruft er an: „Ich habe nachgedacht. Meine Tante Inge in Wien, die könnte sich dafür interessieren."

Es funktioniert überall auf der Welt

Um es kurz zu machen: Tante Inge ist heute eine von mehreren Tausend freien Geschäftspartnern, die über den Kontakt mit Dave Neumark mit dem Schmuck von ENERGETIX in Berührung gekommen sind. Mehrere Hundert davon sind aktiv und viele leben gut bis sehr gut von ihrem Beruf. Dave gefällt besonders, dass jede Situation anders ist und dass seine Methoden überall funktionieren. „Ich kann mich bewegen, wo, wann und mit wem ich will." Daves große Leidenschaft ist das Reisen. Aber wenn er in Puerto Rico ist oder in Miami, macht er dort genau das, was er auch in Europa macht. Wenn es die Situation erlaubt, stellt er seine direkten und einfachen Fragen: „Darf ich Sie fragen, was Sie beruflich machen?" Und schon entwickelt sich ein zweigleisiges Gespräch, in dem Dave erfährt, ob der Gesprächspartner mit seinem Beruf zufrieden ist oder nicht. Für beide Fälle weiß Dave, wie er das Gespräch zum Thema Schmuck und Job-Idee führt – auf direktem oder auf indirektem Weg.

Trotz des sehr großen Erfolges über viele Jahre fühlen sich Dave und seine Frau Bea erst am Anfang: „92 % der Frauen lieben Schmuck. Da haben wir noch sehr viel zu tun. Uns kann nichts passieren. Und Angst um den Job brauchen wir bestimmt nicht zu haben, oder?"

Zusätzliches Einkommen bei freier Zeiteinteilung. Gerade wenn kleine Kinder den Takt vorgeben, können beide Aspekte sehr wichtig sein. Dabei ist die Tätigkeit so einfach, dass man ohne Vorkenntnisse vom ersten Tag an Geld verdienen kann. Viele Top-Karrieren bei ENERGETIX haben so angefangen.

Kira Neukirch

Immer ausreichend Zeit für Maya, die dreijährige Tochter

Mit Mann, Hund und Tochter lebt Kira Neukirch in einer außergewöhnlichen Umgebung: Egal in welche Richtung man fährt, man muss zuerst sieben Kilometer durch den Wald, um die nächste Ortschaft zu erreichen. Der ehemalige Hof der Schwiegereltern ist eine ganz besondere Herausforderung und bietet gleichzeitig fantastische Möglichkeiten für ein Leben in der Natur.

Am wichtigsten ist Kira im Moment, dass sie genügend Zeit für ihre dreijährige Tochter Maya hat. Der ganze Tagesablauf orientiert sich daran und die Organisation der

Genügend Zeit für die dreijährige Tochter: Kira Neukirch auf ihrem Hof mitten im Wald.

Woche. Und die ist immer voll, denn Kira arbeitet an zwei Tagen als Zahnarzthelferin, Haushalt und Anwesen erfordern viel Arbeit, und trotzdem bleibt ihr ausreichend Zeit, um als Geschäftspartnerin von ENERGETIX die Haushaltskasse aufzubessern.

Einfach allein gestartet

Begonnen hatte Kira ihre Tätigkeit mit einem Sprung ins kalte Wasser. Ein Bekannter hatte sie auf die Job-Idee von ENERGETIX aufmerksam gemacht. Kira hat auf die Schnelle ihre engsten Freundinnen eingeladen und nach einer kurzen Einweisung zusammen mit ihrem Bekannten, ihrem Mentor, die erste Präsentation gemacht. Danach wollte Kira starten – und der Mentor am nächsten Tag in den lange geplanten dreiwöchigen Urlaub. Toll!

Stolze Leistung: Kira mit Ehemann auf dem Kataloglaunch – bestritten aus Erfolgen mit ENERGETIX.

Drei Wochen Wartezeit war Kira entschieden zu lange. Deshalb hat sie kurz entschlossen das Beraterhandbuch aus ihrem Starterset zur Hand genommen und alleine ihre erste Schmuckbestellung als selbstständige Geschäftspartnerin von ENERGETIX aufgegeben. Dann noch schnell eine Freundin angerufen: „Kannst du mir helfen? Ich hab' in einem neuen Job Fuß gefasst. Darf ich bei dir eine Schmuckpräsentation machen?" Die Freundin hat zugesagt, und eine Woche später hatte Kira ihre erste Party, vor acht Gästen. Sie war furchtbar aufgeregt und wäre viel lieber gut vorbereitet und nach Einarbeitung und mit den Tipps und Ratschlägen ihres erfahrenen Mentors in diese Situation reingegangen. „Bitte, sag nicht, dass es das erste Mal ist", war ihre große Sorge. Die Freundin sagte nichts – zunächst jedenfalls nicht. Nachdem die Präsentation perfekter nicht hätte laufen können, hat sie es doch verraten: „Ich darf zwar nicht, aber ich muss es euch unbedingt sagen: Kira hatte hier heute ihre erste Präsentation im neuen Job!" Das Lob der Gäste tat gut: „Wir dachten alle, Sie machen das schon jahrelang."

ENERGETIX passt perfekt ins Leben

Heute passt die Tätigkeit als selbstständige Geschäftspartnerin von ENERGETIX perfekt in Kiras Leben. Wenn sie Maya morgens zum Kindergarten gebracht hat, hat sie genügend Zeit für Haushalt und anfallende Büroarbeiten. Sie bereitet ihre Homepräsentationen vor, telefoniert mit Kunden und Teammitgliedern und zwar alles in dem Umfang, mit dem Arbeitsaufwand und der Zeiteinteilung, die zurzeit möglich sind. Acht bis zehn Stunden investiert Kira wöchentlich in ihr zweites berufliches Standbein. Niemand redet ihr rein, niemand macht irgendwelche Vorgaben. Klar, Kira muss organisieren, denn der große Garten muss auch in Schuss gehalten werden. Und wenn die Kleine mittags zurück ist, ist sie wieder der Mittelpunkt. Wenn Kira abends zu einer Homepräsentation fährt, übernimmt ihr Mann, der ebenfalls mit einer Softwarefirma selbstständig ist und seine Frau, wann immer es möglich ist, unterstützt.

Vorsprung beim Stundenlohn

Dabei sehen die beiden in Kiras Arbeit mehr als nur einen netten Zusatzverdienst. Wenn sie ihre private Buchführung machen, sind sie immer wieder über die Ergebnisse erstaunt: „An diesen Stundenlohn komme ich nicht ran", sagt ihr Mann. Und Kira ist stolz auf das, was sie mit ihrer selbstständigen Tätigkeit erreicht. Die Teilnahme am Kataloglaunch inklusive Anreise und Übernachtung wurde komplett aus den ENERGETIX Erfolgen bestritten. Zuvor hatte Kira schon ein iPad als Auszeichnung erhalten. Außerdem stellt Kira einen großen Schritt in der Entwicklung ihrer Persönlichkeit fest. Während sie sich vor ihrer ersten Party kaum vorstellen konnte, vor acht bis zehn Gästen frei und selbstbewusst eine Präsentation zu halten, meistert sie jetzt diese Aufgabe mit großer Souveränität und ohne jede Aufregung. Nach diesen Erfahrungen steht der Entschluss der beiden Eheleute fest: So schnell wie möglich ausschließlich gemeinsam mit ENERGETIX zu arbeiten. Sie dürften das schaffen. Ins kalte Wasser müssen sie dabei jedenfalls nicht mehr springen.

Freunde, Verwandte und Bekannte für die ersten Präsentationen zu gewinnen, ist der einfachste Weg, den neuen Job zu starten. Der Start kann vollkommen ohne diesen Personenkreis gelingen. Auch wer bei der Akquise Privates und Berufliches trennen will, hat – bei entsprechendem Einsatz – einen vollen Terminkalender.

Dagmar Fürstenau

Der Start gelingt auch ohne Freundes- und Bekanntenkreis

Endlich Freizeitgenuss: Dagmar Fürstenau atmet die Freiheit von ENERGETIX.

Der Zufall hat beim Start dieser Karriere eine große Rolle gespielt. Denn wenn Dagmar Fürstenau nicht ein Schmuckstück aus ihrer geliebten ENERGETIX Kollektion verloren hätte, wäre sie vielleicht heute noch eine gestresste Hoteldirektorin. 20 Jahre hat sie diesen Job gemacht, immer mit vollem Einsatz. Hotel und Restaurant hat sie geführt, als wären es ihre eigenen Betriebe. Ihre Arbeitszeit war erst zu Ende, wenn alle Anweisungen gegeben waren, die Organisation für den nächsten Tag stand, und oft genug war an Feierabend nicht mehr zu denken und Dagmar übernachtete in ihrem Hotel, weil sich der Heimweg nicht mehr gelohnt hat. Profitiert von diesem Engagement hat der Chef.

Einstieg beim zweiten Anlauf

Wer arbeitsmäßig so ausgelastet ist, hat eigentlich keine Zeit, an einer Schmuckpräsentation teilzunehmen. Und deshalb wollte Dagmar der Einladung ihrer Freundin auch zunächst nicht folgen. Aber es war halt die Freundin; also ist sie doch hingegangen. Und sie hat reichlich Schmuck eingekauft, denn was ihr an dem Abend gezeigt wurde, entsprach hundertprozentig ihrem Geschmack. Aber die Frage nach dem Interesse an einem Job als Geschäftspartnerin hat sie dann doch entschieden abgeblockt und ist direkt wieder zum Hotel gefahren.

Drei Monate später vermisste Dagmar ausgerechnet das Magnetherz, das sie besonders gern getragen hatte. Nach vergeblichem Suchen wollte sie sich ein neues bestellen und schilderte der Geschäftspartnerin dabei ihren Verlust. „Haben Sie schon in der Waschmaschine nachgesehen?" Tatsächlich: Das Magnetherz lag in der Trommel und hatte den Schleudergang offensichtlich unbeschadet überstanden. „Und wie geht's Ihnen in Ihrem Hotel?", fragte die Geschäftspartnerin. Einen günstigeren Zeitpunkt für diese Frage konnte es nicht geben. Dagmar antwortete aus der Seele: „Mir steht's gerade Oberkante Unterlippe!"

Dann ging alles sehr schnell: Dagmar hat sich die Eckpunkte der ENERGETIX Job-Idee mit einfachen Worten erklären lassen, hat sofort erkannt, dass man ohne Risiko starten kann und gesagt: „Ok, ich mach' das." Dagmar hat ausgecheckt und nach 20 Jahren ihren Schlüssel vom Hauptportal an der Rezeption abgegeben.

Individualstart ohne Kontaktliste

Nun hatte der jahrzehntelange totale Einsatz für Hotel und Restaurant zur Folge, dass Dagmar so gut wie keinen Freundes- und Bekanntenkreis hatte, der normalerweise am Anfang einer Laufbahn im Direktvertrieb steht. Als dann die Startpräsentation ohne einen Nachfolgetermin endete, hatte Dagmar ein Problem – aber nur bis zum nächsten Tag. Denn die frischgebackene selbstständige Geschäftspartnerin ging einfach in den nächsten Friseursalon und bat auf direktem Weg um Hilfe: „Guten Tag, ich verkaufe exklusiven Designschmuck. Darf ich in Ihrem Salon eine Schmuckpräsentation machen?" Sie durfte. Am folgenden Montag, an dem der Salon eigentlich geschlossen war, war die Inhaberin Dagmars erste Gastgeberin und die kleine geschlossene Gesellschaft eingeladener Kundinnen war begeistert. Der Umsatz war gut, aber viel wichtiger war: Es gab die ersten Nachbuchungen. Die Aktion sprach sich schnell rum und am darauffolgenden Montag musste die Präsen-

Dagmar Fürstenau am Eventstand: Schmuck verkaufen und neue Kontakte knüpfen.

tation wiederholt werden, diesmal mit anderen Kundinnen, und wieder gab es Nachbuchungen. Das Rad war im Rollen!

Heute hat Dagmar bis zu vier Präsentationen in der Woche, hinzu kommen Messen und Märkte. Bei diesen Gelegenheiten knüpft sie immer wieder neue Kontakte, die ausreichen, um immer einen vollen Terminkalender zu haben. Denn Dagmar trennt Privatleben und Beruf und möchte in ihrer Freizeit oder wenn sie nicht in Sachen Schmuck unterwegs ist, keine Leute auf den Schmuck ansprechen, wie es für die meisten Geschäftspartner selbstverständlich ist. Trotzdem hat Dagmar mit der Schmuckberatung einen Fulltime-Job mit dem entsprechenden Einkommen. Von den 60 Leuten in ihrem Team arbeiten fünf hauptberuflich, der Rest im Nebenberuf. Mit Nachdruck empfiehlt Dagmar die Teilnahme an Trainings: „Als Hotelfachfrau musste ich drei Jahre lernen. Um in den Job der Schmuckberatung reinzuwachsen, sollte man unbedingt an den Trainings teilnehmen – auch nach der Startphase immer wieder; schließlich will man nicht stehen bleiben."

Neues Leben in Freiheit

Dagmar jedenfalls ist nicht stehen geblieben. Nicht nur ihre berufliche Situation hat sich gravierend verändert. Im alten Job gab's Druck von oben und von unten. Jetzt atmet Dagmar „nur noch die Freiheit von ENERGETIX". Sie agiert vollkommen unabhängig, teilt sich ihre Arbeitszeit selbst ein, hat plötzlich Freizeit, kann wieder an sich selbst denken. Der Stress ist weg. Dagmar war früher schnell auf 180. Heute ist sie viel gelassener und sieht das Leben um vieles einfacher. Dagmar hat den Ausgleichssport für sich entdeckt, geht Joggen, Schwimmen, relaxt in der Wellnessoase. Sie genießt die Sicherheit, sich etwas Gutes gönnen zu können. Und sie arbeitet daran, dass es so bleibt. Der nächste Step ist die Ausbildung zur Trainerin, um noch effizienter den Aufbau des Teams zu betreiben und damit auch die finanzielle Sicherheit zu steigern. Die neue Lebensmitte ist jetzt das neue Zuhause, das Dagmar sich liebevoll einrichtet und wo sie Freizeit und Feierabend endlich auch einmal genießen kann.

Soll ich oder soll ich nicht? Diese Frage muss jeder beantworten, der neu in den Job einsteigt. Leichtfertig sollte man nicht reingehen, aber man sollte sich auch nicht von Menschen beeinflussen lassen, die vom Thema keine Ahnung haben. Bei ENERGETIX ist es leicht, sich selbst ein eigenes Urteil zu bilden. Und nur darauf kommt es an.

Birgit Speck

Entscheidungen selbst treffen! Nicht entmutigen lassen! Dranbleiben!

„Mach's nicht", sagte ihr eine Bekannte. Doch Birgit Speck ließ sich nicht beirren und ist trotzdem gestartet. Eine Freundin hatte ihrem Sohn ein Kinderarmband von ENERGETIX Bingen geschenkt. Zuerst gefiel Birgit nur das flotte Armband, dann, nachdem sie den Katalog durchblättert hatte, die ganze Kollektion. Und so kam es bald zum Starterabend mit dem Mentor. Aber der Abend war nicht berauschend. Stimmung und Umsatz hielten sich in Grenzen. Daher wohl auch der Ratschlag der Bekannten, als Birgit ihr von der ersten Schmuckpräsentation erzählte.

Eine goldrichtige Entscheidung

Freie Einteilung der Arbeitszeit und Zeit für den geliebten Garten: Birgit Speck empfindet ihre Entscheidung als goldrichtig.

Birgit war jedoch bereits überzeugt und hat Ja gesagt. Heute weiß sie, dass es so gut wie immer jemanden im Umfeld gibt, der sagt: Das wird nix, lass die Finger davon. Und gerade am Anfang, wenn noch Zweifel da sind, ist dieser negative Rat Gift für die richtige Entscheidung. Denn der Ratgeber hat fast immer keine Ahnung, kennt vielleicht andere Direktvertriebsunternehmen, aber er hat nicht die geringsten Informationen über ENERGETIX Bingen.

Heute weiß Birgit Speck, dass ihre Entscheidung damals gleich in mehrfacher Hinsicht goldrichtig war. Bisher hatte die gelernte Bürokauffrau als Headhunterin viel Zeit in ihren Beruf investiert, den sie über Jahre ebenfalls in selbstständiger Tätigkeit ausgeübt hat. Dann kam ENERGETIX dazu und Birgit hatte die Chance zu beobachten, wie sich beide in puncto Arbeitsaufwand und Rentabilität entwickelten, wobei sich beide Tätigkeitsfelder in etwa die Waage hielten. Irgendwann musste sie sich entscheiden, denn beides ging auf Dauer nicht.

Die beste Entscheidungshilfe: der Besuch in Bingen

Gerade zu diesem Zeitpunkt hatte Birgit sich in einem Wettbewerb qualifiziert und lernte in Bingen das Unternehmen und die Mitarbeiter kennen. Und das war die bisher beste Entscheidungshilfe. Sie kannte ENERGETIX Bingen bisher nur von den Berichten anderer Geschäftspartner und aus Prospekten und dem Internetauftritt. Papier und Co sind bekanntlich geduldig und erzählen kann man viel. Jetzt aber lernte Birgit das Unternehmen direkt und von innen kennen: modernste Büroräume, Kommunikationstechnik auf neustem Stand, Lagerkapazitäten für internationalen Versand – Abteilung für Abteilung zeigte ein Unternehmen in perfekter, großzügiger Ausstattung. Noch wichtiger: Die freundlichen Stimmen, die sie bisher aus dem Customer Support kannte, stammten tatsächlich von sympathischen Mitarbeitern, die sich aufrichtig freuten, die Menschen, für die sie tagtäglich arbeiten, endlich einmal persönlich kennenzulernen. Wie überhaupt im gesamten Unternehmen eine harmonische, freundliche Atmosphäre herrschte, die allenfalls von der Stimmung in einer Familie übertroffen wird. Als ihr dann auch noch ein Mitarbeiter sagte, dass das alles echt und tatsächlich gelebt sei und nicht konstruiert und aufgesetzt, da stand für Birgit der Entschluss fest: Ich bin dabei.

Mit ENERGETIX möglich: die flexible freie Zeiteinteilung

Mit der ausschließlichen Konzentration auf ENERGETIX stieg der Umsatz rapide an. Quasi aus dem Stand war Birgit mit viel Arbeitseinsatz mehrmals Mitglied im STAR-CLUB und nahm an einer Trainingsreise der ersten Kategorie teil. Die Kehrseite der Medaille: Birgit konnte sich nicht mehr im gleichen Maße wie bisher um ihren autistischen Sohn kümmern. Wenn der um 14 Uhr aus der Schule kommt, braucht er ihre Zuwendung. Wenn diese fehlt, tut das dem Sohn nicht gut. Also fuhr Birgit ihre Arbeit wieder zurück, was mit ENERGETIX Bingen überhaupt kein Problem ist. Denn Birgit kann sich die Zeit so einteilen, wie es nötig ist. Nachmittags ist sie für den Sohn da, und abends kümmert sich ihr Mann um ihn, nach dem Fulltime-Job als Einkäufer in einer Lackfabrik. Dann hat Birgit jede Zeit, die sie für ihre Homepräsentationen braucht, exakt in dem Maß, um das Einkommensniveau, wie sie es sich wünscht, zu erreichen. „Mit einem Halbtagsjob wäre das nicht möglich gewesen", sagt Birgit, „denn auch hier gibt es feste Zeitregeln, die eingehalten werden müssen, und eine flexible Reaktion ist schon gar nicht möglich. Mit ENERGETIX bleibt mir sogar Zeit für meine geliebte Gartenarbeit."

Phänomenales Arbeiten – in jeder Situation

Perfekt, sollte man meinen. Doch dann gab es plötzlich einen Einbruch – wie aus heiterem Himmel und ohne jede Plausibilität. Von den acht bis zwölf Präsentationsterminen, die Birgit sonst im Monat abhält, blieb von heute auf morgen allenfalls einer übrig. Und das über drei Monate. Das Geld fehlte. „Das war verdammt hart", wie sich Birgit heute erinnert. Wie hat sie darauf reagiert? „Ich habe mich in mein Büro gesetzt, meinen Quittungsblock genommen und so lange telefoniert, bis ich mehr Termine hatte als ich brauchte. Mit dieser Methode ging's wieder aufwärts. Jetzt bin ich wieder genau da, wo ich sein will."

Noch nie im Leben ein so tolles Auto gefahren: Birgit Speck in „finanziell dramatisch geändertem Leben".

Ihre heutige Arbeitssituation bezeichnet Birgit als phänomenal. Sie kann ihre Tätigkeit eigentlich nicht als Arbeit ansehen, sondern mehr als Freizeitgestaltung. Sie geht gern in jede Präsentation und kommt regelmäßig gestärkt und mit noch besserer Laune wieder raus. „In so kurzer Zeit so viel Geld verdienen? Unfassbar!" Über ihr Fahrzeug aus dem ENERGETIXDrive-Programm ist sie hellauf begeistert: „Noch nie in meinem Leben bin ich so ein tolles Auto gefahren!" Aber nicht nur finanziell hat sich das Leben, wie Birgit sagt, „mit ENERGETIX dramatisch geändert." Nach dem Umzug in eine fremde Stadt gab es kaum soziale Kontakte. Die Freundinnen wohnten jetzt alle weit weg. Mit dem Job als selbstständige Geschäftspartnerin ist nicht nur „eine positive Aufregung in ihr Leben gekommen", sondern sie hat über die Tätigkeit neue Freundinnen gewonnen. In drei bis vier Jahren, wenn der Sohn nicht mehr so viel Aufmerksamkeit brauchen wird, will sich Birgit voll auf ENERGETIX konzentrieren und wieder zu den Top-Leuten gehören. Bis dahin hält sie das jetzt erreichte Niveau, nach ihrem Motto: Entscheidungen selbst treffen! Nicht entmutigen lassen! Dranbleiben!

ENERGETIX ALS ZWEITES STANDBEIN

Ein besonders schöner Aspekt am ENERGETIX Job ist die Flexibilität: Jeder entscheidet individuell, wie intensiv er sich engagiert, und man kann selbst planen, zu welcher Zeit man arbeitet – ideale Bedingungen, um sich zum Beispiel von seinem erlernten und inzwischen nicht mehr geliebten Beruf zu verabschieden und parallel etwas Neues zu suchen. Oder um Zeit für die Kinder zu haben und trotzdem die Haushaltskasse etwas aufzubessern. Wer erlebt, wie leicht und mit wieviel Spaß hier Geld verdient werden kann, lässt aus dieser Anfangssituation mit reduziertem Einsatz oftmals einen Fulltime-Job entstehen. Muss er aber nicht. Trotzdem kann die gewollte Beschränkung aufs zweite Standbein mit großem Erfolg verbunden sein.

Unser Gesundheitswesen ist auf einem hohen Stand. Aber es gibt Kritik. Unter anderem klagt das Personal über eine zunehmende Belastung durch Kostendämpfung und Bürokratisierung. So mancher, der mit Engagement in den pflegenden Beruf gestartet ist, will dem wachsenden Druck nicht länger standhalten und sucht nach einer Alternative, in der die ursprünglichen Ideale nutzbringend angewendet werden können.

Tino Sielaff

Neue Orientierung: Schritt für Schritt in den Fulltime-Job

Seit beinah zwei Jahrzehnten arbeitet Tino Sielaff als Krankenpfleger und macht vor allem in den letzten Jahren eine desillusionierende Beobachtung: Das Krankenhaussystem entwickelt sich zur Pflegemaschinerie. Die körperliche und psychische Anspannung ist extrem und steigert sich immer mehr. „Früher konnte man mit Spaß und entspannt mit den Patienten arbeiten; heute gewinnt der Stress die Oberhand. Und die Bürokratie ist riesig. Ich fühle mich heute als Bürokraft mit pflegerischer Nebentätigkeit. Die positive Energie, mit der ich einmal gestartet bin, geht mehr und mehr verloren." Deshalb hat Tino die Notbremse gezogen und seine Arbeit als Pfleger auf eine Dreiviertel-Stelle reduziert.

Gezielter Teamaufbau: Geschäftspartner gesucht mit Werbetafel im Vorgarten.

Um die finanzielle Lücke zu füllen, versuchte sich Tino im Direktvertrieb. Bei einer Gewinnspanne von drei Prozent musste er viel verkaufen, um die Einbußen wettzumachen. Und auch dass die Prozentstufe jeden Monat neu erarbeitet werden musste, fand er befremdlich. Tino konnte darin für sich keine Entwicklungsmöglichkeit sehen.

Start ohne Risiko zu minimalen Kosten

Genau zu diesem Zeitpunkt lernt er bei einer Präsentation den exklusiven Designschmuck mit den integrierten Magneten von ENERGETIX kennen. Da Tino selbst gern Schmuck trägt, gefällt ihm besonders, dass die Kollektion auch Schmuck für Männer bietet. Außerdem sagen ihm die minimalen Einstiegskosten sehr zu, denn schließlich will er ein Finanzloch stopfen und nicht durch die Bezahlung vorbestellter Produkte vergrößern. Besonders gefällt ihm die nahezu absolute Risikolosigkeit. Falls es nicht klappen sollte, kann er den bestellten Schmuck einfach zurückgeben. Also unterhält sich Tino mit seiner Mentorin und steigt sofort mit 40 % ein. Er nutzt dabei die sogenannte Drittelregelung, nach der er das georderte Schmuckkontingent in Stufen bezahlt und zwar aus den Verkaufserlösen. Einfacher geht's eigentlich nicht, denkt er sich und legt los, nachdem er sich die Geschäftspräsentation einverleibt und sich bei drei Schmuckpräsentationen angesehen hat, wie es bei der Mentorin läuft.

Raus aus dem Bekanntenkreis

Schon die erste eigene Präsentation bringt die gewünschten Weiterbuchungen. Tino informiert zudem Kollegen, Freunde und Bekannte und konkretisiert seine Bitte um Empfehlung immer um einen wichtigen Punkt: „Sprecht immer auch Leute an, die ich nicht kenne." Schon beim Start will er über die Grenzen des eigenen Bekanntenkreises hinauskommen. Tino stellt seine Produkte bewusst auch außerhalb von Privatwohnungen vor, um so in neue Interessentenkreise vorzudringen. Inzwischen kennt man den jungen Schmuckexperten weit über den Umkreis des Heimatortes hinaus. „Es ist wichtig, zwei-, dreimal auf den Märkten und bei den Events präsent zu sein, damit die Kunden sehen, dass man noch da ist. Sie wissen, dass sie einen Ansprechpartner für ihre Fragen haben. So baut sich ein Vertrauen auf, das für den Ruf und für die Kundenbindung wichtig ist", erklärt Tino Sielaff.

Motivation durch Training und Austausch

Dass es gleich zu Beginn so gut läuft, dürfte wohl auch darauf zurückzuführen sein, dass Tino im September, also kurz vor dem Weihnachtsgeschäft, eingestiegen ist. Aber der neue Geschäftspartner macht einen Fehler: Überrascht vom eigenen Erfolg wird er nachlässig, wie er heute selbstkritisch feststellt: „Ich hab nichts mehr gemacht. Und wer nichts macht, kann nichts erwarten. Man muss schon was tun." Die Umsätze gehen zurück. Zum Glück war Tino im Kontakt mit erfahrenen Geschäftspartnern, denen dieses Phänomen nicht unbekannt war. „Jeder braucht Anregung, Motivation von außen. Deshalb besuche die Trainings: interne, die man im Management-

Zu Hause eher beschaulich: Tino Sielaff an seinem pflegeintensiven Seerosenteich.

System findet, aber auch externe. Suche den Kontakt zu anderen Geschäftspartnern und zu anderen Teams und zieh dir überall das Beste für dich raus. Geh aufs Seminar! Oder nimm das Online-Training wahr! Denn ohne Weiterbildung bleibst du stehen." So der Rat der Geschäftspartner, der Tino genau zum richtigen Zeitpunkt erreicht hat. Er erkennt die Wichtigkeit von Trainings und Erfahrungsaustausch und kommt wieder auf die anfängliche Erfolgsspur. Die Umsätze ziehen wieder an. Aus ihnen finanziert er den Umzug in eine neue Wohnung und eine Urlaubsreise.

Job-Wechsel nach Plan

Tino hat Fuß gefasst und sieht sich in seinem Entschluss bestätigt, den Beruf des Krankenpflegers schrittweise zu verlassen und seine Kräfte mehr und mehr in den Schmuckverkauf und Teamaufbau einzubringen. Zunächst strebt er die Reduzierung der Krankenhaustätigkeit auf 50 % an, um dann in zwei bis drei Jahren hauptberuflich als selbstständiger Geschäftspartner tätig zu sein. Den Teamaufbau will er gezielt angehen, um auch anderen die Dimensionen der selbstständigen Tätigkeit aufzuzeigen. Tino spürt mehr und mehr: Es geht hier nicht nur um irgendeinen neuen Job, sondern um eine „Allround-Sache", wie er sagt, „bei der man sich finanziell, aber auch persönlich weiterentwickeln kann, die man fürs Leben nutzen kann." „Was ist los mit dir? Du hast dich komplett verändert." Dieses Kompliment hört Tino oft. Ja, er hat sich schon nach kurzer Zeit weiterentwickelt und in puncto Selbstvertrauen enorm zugelegt. Sein neues Auto, bezahlt mit Gewinnen aus dem ENERGETIX Geschäft, kann sich sehen lassen. Aber Tino weiß, dass er sein Motivationslevel aufrechterhalten muss: „Ein A-Klasse Mercedes aus dem ENERGETIX*Drive*-Programm wäre für mich ein großer Anreiz", sagt er, „oder doch lieber eine Nummer größer, damit ich immer ausreichend Platz für Schmuck und Standmaterial habe." Die Teilnahme am Kataloglaunch ist für Tino obligatorisch, zumal er sich bei den Wettbewerben qualifiziert und zum Nulltarif zu den Events reist, zuletzt nach Berlin. „Ich habe so etwas noch nie erlebt. So viel Herzlichkeit, so viel an echten Gefühlen – wie in einer Familie!" Zu Hause liebt der erfolgreiche Newcomer es eher beschaulich bei Gartenarbeit und Verwöhnen seiner vier Katzen. „Nächstes Jahr geht es für zwei Wochen auf die Malediven, das ist klar." Eine besonders schöne Form der Eigenmotivation!

Verdiente Belohnung: neues Auto dank ENERGETIX.

Für den Nebenverdienst mit Magnetschmuck reicht oft schon ein geringer Zeitaufwand. Diese Zeit kann man sich nehmen, wenn es gerade passt. Ob Hausfrau, Studentin, Model oder Fitnesstrainerin, ob mit Kind oder ohne – wer sich in seiner Freizeit mit exklusivem Schmuck beschäftigen möchte, kann dies ganz locker auch gegen Bezahlung tun. So manche Karriere hat sich schon aus dieser speziellen Art der Freizeitgestaltung entwickelt.

Nicole Herbst

Alles geht – nichts muss.
Schmuckverkauf auf die ganz leichte Art

Nicole Herbst arbeitet halbtags als Leiterin eines Fitness-Studios. Und sie steht regelmäßig als Model vor der Kamera. Diese beiden Tätigkeiten sind ihr wichtig, denn sie bringen seit über 20 Jahren finanzielle Sicherheit in ihr Leben. Da weiß sie, was sie hat. Für beide Tätigkeiten sind zwei Dinge Voraussetzung, die Nicole perfekt miteinander kombiniert: Disziplin, aber auch eine gewisse Leichtigkeit, die sowohl von den Kunden im Studio, als auch am Set erwartet werden. Denn in beiden Situationen ist gute Laune gefragt.

Klasse Schmuck, großartige Stimmung: Das will ich auch

Gute Laune und die Unbeschwertheit, mit der sie an die Dinge herangeht, öffnen Nicole auch die Türen, wenn sie als freie Geschäftspartnerin von ENERGETIX Bingen unterwegs ist. Mit Erfolg. Schon nach wenigen Wochen hatte sie sich für die zweite Kategorie eines Wettbewerbs qualifiziert, die sie zum Training nach Sevilla geführt hat. Doch Nicole setzt ihrem Erfolg in der Schmuckberatung von Anfang an ganz bewusst Grenzen. Denn die alleinerziehende Mutter will neben ihren vielfältigen Tätigkeiten ausreichend Zeit für ihre beiden Kinder haben.

Schon nach wenigen Wochen für die zweite Kategorie qualifiziert: Nicole Herbst mit ENERGETIX in Sevilla.

Eigentlich wollte sie nur einer Freundin einen Gefallen tun, die gerade eine Gastgeberin für eine Homepräsentation suchte. Sie war skeptisch gegenüber dem Produkt und auch gegenüber dem Direktvertrieb. Aber trotzdem: Der Freundin zuliebe hat Nicole Freunde und Bekannte eingeladen und hatte gleich ihr Schlüsselerlebnis mit dem Magnetschmuck von ENERGETIX Bingen. Der Schmuck sah klasse aus, die Stimmung am Abend war großartig, und obwohl sie sich bis dahin nie hätte vorstellen können, im Homepartygeschäft zu arbeiten, sagte Nicole schon nach diesem ersten Abend: „Das will ich auch."

Zeit einteilen, wie es passt

Wie gesagt: mit Grenzen, denn die Zeit ist knapp. Vormittags arbeitet Nicole im Studio und am Nachmittag wartet das Büro. Wenn dann eine bis zwei Homepräsentationen pro Woche hinzukommen, wird's schon eng. Aber das Tolle bei ENERGETIX ist, dass Nicole sich ihre Zeit einteilen kann, wie es ihr gerade passt. Es ist allerdings schon vorgekommen, dass sie tagsüber vor der Kamera gestanden hat, sich dann schnell umgezogen hat und direkt zur nächsten Homepräsentation gefahren ist. Kein Problem, denn sie sieht den Schmuckvertrieb nicht als Arbeit, sondern als Spaß. Mit Spaß Geld verdienen, wo gibt's so etwas sonst noch? Dass die Schmuckabende immer super verlaufen, führt Nicole auf den Umstand zurück, dass die Leute schließlich freiwillig kommen. Und bisher hat sie immer Glück gehabt mit den Menschen,

mit denen sie als Schmuckberaterin zu tun hat. Es waren ausnahmslos tolle Menschen – immer wieder aufs Neue. Vielleicht liegt es auch daran, dass Nicole sich mit dem Schmuck nicht aufdrängt. Sie bombardiert die Leute in ihrer Umgebung nicht, wie sie sagt, sondern wartet ab, bis die Situation stimmt. Es muss sich einfach aus dem Gespräch ergeben. Wenn sie als Model arbeitet und am Set im Team das Gespräch auf Schmuck kommt, dann fasst sie nach: „Ach, apropos Schmuck. Weißt du eigentlich, dass ... ?" Und schon ist man im Gespräch – leichter geht's nicht.

Diese Tätigkeit ist ihr wichtig: Nicole Herbst im Fitness-Studio, das unter ihrer Leitung läuft.

Man muss schon etwas dafür tun

Es ist in Nicoles Augen eine sehr entspannte Art, sein Geld zu verdienen, wenngleich sie feststellt, dass man schon etwas dafür tun muss. Man muss sich damit befassen. Wenn man zum Beispiel nicht nachtelefoniert, dann kommt auch kein Termin zustande. Und wenn man das über längere Zeit macht, dann kann es schon vorkommen, dass es nicht mehr so gut läuft. Der erforderliche Einsatz, um das angestrebte Einkommen zu erreichen, ist aber deutlich geringer als bei anderen Tätigkeiten. Kein Vergleich etwa mit der Arbeit im Studio, sowohl vom körperlichen Einsatz als auch von der erforderlichen Zeit her. Und auch wenn man mal die Zeit zusammenrechnet, die bei einem Shooting anfällt – vom Agenturkontakt über die Anreise, die Maske, die mitunter sehr anstrengende Arbeit am Set, dann Abschminken, umziehen, Heimfahrt und die Büroarbeit hinterher – dann reduziert sich das Honorar für ein Shooting schnell.

Schmuckverkauf auf ganz leichte Art: Am Set kommt man immer wieder aufs Thema.

So, wie ich es will

Für Nicole soll die Situation so bleiben, wie sie ist; vielleicht ein paar Mitglieder im Team mehr, Leute, die zu ihr passen. Zurzeit sind es zehn, die, wie Nicole, nebenberuflich arbeiten. Zeit soll für sie nicht zum Problem werden. Und vor allem will sie Zeit für ihre Kinder haben. „Ich mache das so, wie ich es will", sagt sie selbstbewusst. „Ich finde es toll, dass man bei ENERGETIX nach dem Motto arbeiten kann: Alles geht, nichts muss!" Mit dem Geld, das Nicole mit ENERGETIX verdient, leistet sie sich den kleinen Luxus, den sie sonst nicht finanzieren könnte – Schmuckverkauf auf die ganz leichte Art.

Für viele ist ENERGETIX die große Befreiung: aus ungeliebter Arbeit, aus finanzieller Misere, mitunter aus einem Leben, das in Form und Ausprägung so nicht länger gewollt war. Wer erlebt hat, welche grundlegenden Veränderungen das Geschäft mit dem exklusiven Designschmuck bringen kann, der wechselt nicht selten die Fronten und steigt als selbstständiger Geschäftspartner voll ein. Das muss aber nicht sein. Das Geschäft kann ebenso neben der ursprünglichen Tätigkeit als vollwertiger Zweitjob betrieben werden – mit bemerkenswerten Erfahrungen.

Sabine Kaiser-Martin

Das Zwei-Job-Modell

Mit großer Leidenschaft ist Sabine Kaiser-Martin im sozialen Bereich tätig. Zuerst als Erzieherin der Kleinsten, dann – nach dem Studium der Sozialpädagogik – als Betreuerin mehrerer Heime mit Asylsuchenden. Als das erste von insgesamt drei Kindern zur Welt kommt, gründet sie die Werkstatt „Kunterbunt", in der sie Kindern und Erwachsenen die kreativen Techniken des Töpferns und Malens vermittelt. Im Rahmen dieser Tätigkeit organisiert sie – quasi als Galeristin – über zehn Jahre Ausstellungen für die Diakonie.

Von Null auf 21,14 km: Sabine Kaiser-Martin läuft Halbmarathon – mit fantastischer Zeit.

Bedürfnisse abholen und Angebote machen

Nach der „kunterbunten" Atmosphäre wechselt Sabine Kaiser-Martin als Quartiermanagerin in einen sozialen Brennpunkt. Ihre Aufgabe ist es zum einen, Bewohner in benachteiligten Stadtteilen auf oftmals unbekannte soziale Angebote aufmerksam zu machen und zum anderen, durch die Anregung der Eigeninitiative neue Projekte entstehen zu lassen. „Man vernetzt Angebot und Zielgruppe", sagt Sabine Kaiser-Martin. „Ein ideales Konzept, um zusammen mit den Leuten einen benachteiligten Stadtteil zu beleben. Diese Arbeit hat mich geprägt. Bedürfnisse abzuholen und entsprechende Angebote zu machen – das ist mein Ding."

Erste Präsentation mit märchenhaftem Umsatz

Sabine Kaiser-Martins kreative Seite – sicherlich ein Basisstein ihres Erfolges.

Acht Jahre macht Sabine Kaiser-Martin diese Stadtteilarbeit mit Leidenschaft und Erfolg, bis sie den Schmuck und die Job-Idee von ENERGETIX kennenlernt. Und sie sieht sehr schnell, dass es hier um das gleiche Prinzip geht: Bedürfnisse abholen und entsprechende Angebote machen. Doch zunächst gab es einen sagenhaften Schnellstart. Die erste Schmuckpräsentation, die gleichzeitig ihre eigene Startpräsentation war, brachte den märchenhaften Umsatz von 1001 Euro. Dann begann sie, im Freundeskreis Schmuckpartys zu veranstalten und bekam viele Weiterbuchungen. „Ich war sehr erstaunt über meinen Erfolg", sagt Sabine Kaiser-Martin, aber der kam auch zur rechten Zeit. Denn inzwischen war die Mutter von drei Kindern alleinerziehend. „ENERGETIX hat mir geholfen zu überleben. Ich konnte mein Haus halten. Nur mit dem Sozialpädagogen-Gehalt wäre das nicht möglich gewesen."

„Wenn du ein Ziel hast, arbeitest du auf dieses hin."

Im ersten Jahr hat Sabine Kaiser-Martin ausschließlich Schmuck verkauft. Der Grund, warum sie sich nicht um den Teamaufbau gekümmert hat, ist nachvollziehbar: „Ich hatte in meinem Job als Sozialarbeiterin schon 19 Menschen, die ich als Chefin koordinieren musste. Ich wollte kein zweites Team." Doch dann kam der Wettbewerb mit dem Reiseziel Nepal – für sie ein Ziel mit magischer Anziehung. Wer sich für eine Kategorie im Wettbewerb qualifizieren will, kommt um den Teamaufbau nicht herum. Also legt sie los und macht eine weitere Beobachtung: „Wenn du ein Ziel hast, gibst du alles, um an dieses zu gelangen. Und es funktioniert. Die Leute sind mir quasi zugesprungen." Sabine Kaiser-Martin war in Nepal. Dass es so einfach war, liegt natürlich auch an ihrer Begeisterungsfähigkeit: „Ich ziehe Leute an, kann abholen und überzeugen." So wie ihre Briefzustellerin, heute eine der erfolgreichsten Geschäftspartnerinnen im Team. Oder die Lehrerin, die Friseurin, die Krankenschwester, das ganze Programm. Damit sie Team und Neueinsteiger besser betreuen kann, ist Sabine Kaiser-Martin Trainerin geworden; eher eine Notlösung, weil es in ihrer Nähe niemanden gab. Dabei ist sie nach wie vor als Sozialarbeiterin tätig – mit ganzem Herzen. „Morgens bin ich Sozialpädagogin, mittags Mutter und abends ENERGETIX. Wenn ich den Schmuck verkaufe, ist das für mich die reinste Erholung."

„Was bei ENERGETIX läuft, ist noch mal was anderes."

Sabine Kaiser-Martin hat inzwischen ein dreißigköpfiges Team und war neben Nepal auch in Litauen und Argentinien: „Die Wasserfälle von Iguazu – irre! Das Eisfeld in Patagonien – ich hätte nie gedacht, dass Eis so schön sein kann. Solche Reisen bekommt der Normalbürger so nicht geboten. Gerade als Alleinerziehende hätte ich dies nie erleben können."

Aber sie macht noch eine weitere Erfahrung: „Ich war vorher schon Vernetzerin und Multiplikatorin, aber ENERGETIX hat mich in meiner persönlichen Entwicklung noch einen großen Schritt weiter gebracht. Als Sozialpädagogin bist du ja an sich schon ganz gut ausgestattet, hast Supervision, kannst Fragen beantworten wie ‚Was blockiert dich?', ‚Wie kannst du dich freistrampeln?'. Aber was hier geboten wird, ist noch mal etwas anderes. ENERGETIX verändert die Blickrichtung. Du fragst dich, was du in Zukunft noch alles nutzen kannst. Du bekommst Ausblick. Und du stellst dir immer wieder die Frage: ‚Wofür bin ich dankbar?'" Sabine Kaiser-Martin ist in erster Linie für das Glück dankbar, das sie aktuell genießen kann. Und ein bisschen ist sie auch dankbar für die gute Kondition, an der ENERGETIX ebenfalls nicht ganz unbeteiligt ist: Schon dreimal hat Sabine Kaiser-Martin im ENERGETIX Shirt am Mainz Halbmarathon teilgenommen. Der Start als Läuferin – wen wundert es noch? – sofort von Null auf 21,14 km, mit fantastischer Zeit übrigens. Dass sie in ihrer knappen Freizeit an der Staffelei steht, ist Ausdruck ihrer kreativen Seite, die für die Erfolge ihres Lebens sicherlich einen Basisstein darstellt. Man darf gespannt sein, was da noch alles kommt.

Sabine Kaiser-Martin in Nepal – Reiseziel mit magischer Anziehung.

GESCHÄFTSPARTNER IM HAUPTBERUF

Auch im Direktvertrieb gilt eine Erfahrung: Von nichts kommt nichts. Manchmal wundern sich neue Geschäftspartner über ihren Blitzstart mit großem Erfolg von Anfang an. Aber das ist nicht die Regel. Selbstständige Geschäftspartner von ENERGETIX sind Unternehmer im wahrsten Sinne des Wortes. Je mehr sie unternehmen, desto größer fällt der Erfolg aus. ENERGETIX liefert die fertige Existenz. Das Einzige, was man selbst noch beisteuern muss, ist: Man muss aktiv werden und zwar auf beiden Tätigkeitsschwerpunkten, dem Schmuckverkauf und dem Teamaufbau. Und wie jeder Unternehmer muss man sich auf die Dynamik des Marktes einstellen mit Höhen und leider auch Tiefen, die ein bewusstes Gegensteuern erfordern. Wer das beherzigt, der kann bei entsprechendem Einsatz jeden Erfolg realisieren – grenzenlos.

Die Tätigkeit bei ENERGETIX kann in unterschiedlichster Weise ausgeübt werden. Viele starten im Nebenjob, wollen die Haushaltskasse mit dem zweiten Standbein etwas aufbessern. Andere wollen mehr: Karrieren entstehen und sind vergleichbar mit Kleinbetrieben und mittelständischen Unternehmen. Wenn die Voraussetzungen bei den Geschäftspartnern vorliegen, erlauben die Strukturen bei ENERGETIX den ganz großen Wurf: Unternehmerpersönlichkeiten entwickeln sich – mit Charisma und Vorbildcharakter.

Karin und Klaus Becker

Unternehmerpersönlichkeiten im Direktvertrieb mit weltweiten Aktivitäten

Wenn die gelernte Floristin Karin Becker von ihrer Zeit vor ENERGETIX erzählt, dann fallen ehrliche Worte: „Wir wussten oft schon Mitte des Monats nicht, wie es weitergehen sollte. Gott sei Dank konnte Mutter uns helfen. Das waren ganz heftige Zeiten. Wir mussten auf jeden Pfennig achten." Was war passiert? Karin hatte ihr eigenes Blumengeschäft, das sie mit Leidenschaft aufgebaut hatte. Dann kam eine schwere Krankheit und sie musste ihren Laden aufgeben. Auch bei Klaus lief es im Job nicht rund. Jahre über Jahre verbrachte der Maschinenbautechniker im selben Büro bei immer der gleichen Tätigkeit. „Die Menschlichkeit blieb total auf der Strecke; man musste funktionieren", sagt er heute rückblickend. Eines Tages kommt Klaus zur Besinnung: Wieder einmal war er nach über zehn Stunden Kampf im Betrieb nach Hause gekommen. „Ich war unglücklich. Und was macht Karin? Karin macht Party und strahlt danach vor Glück. Was mach' ich hier eigentlich gerade?"

Karin und Klaus Becker sind angekommen im Leben mit ENERGETIX, das bestimmt ist durch Freiheit und Unabhängigkeit.

Da steckt noch mehr drin

Jedenfalls wollte Klaus so nicht weitermachen die nächsten 30 Jahre. Die Party, von der seine Frau zurückkam, war eine Schmuckpräsentation, die wieder einmal erfolgreich verlaufen war mit begeisterten Kunden, erfreulichem Umsatz und einer rundum glücklichen Karin. Die hatte nämlich inzwischen ihre Karriere als selbstständige Geschäftspartnerin bei ENERGETIX gestartet. „Anfangs ging es mir, ehrlich gesagt, nur darum, günstiger an den Schmuck zu kommen. Aber dann habe ich gesehen, dass da noch mehr drinsteckt", sagt Karin heute. Der Scheck der Freundin, die sie zu ENERGETIX gebracht hatte, nahm von Monat zu Monat zu, und Karin erkennt das Potenzial, das im exklusiven Designschmuck mit den kleinen integrierten Magneten liegt: Karin steigt ein.

ENERGETIX liefert die fertige Existenz

Heute gehören Karin und Klaus Becker zu den Speerspitzen des Unternehmens. Es ist auffallend, wie viele erfolgreiche Geschäftspartner ihre Karriere auf die Betreuung, auf das Vorbild von Klaus und Karin zurückführen. Dass ihr Erfolg bei ENERGETIX diese Dimensionen annehmen würde, konnten die beiden nicht ahnen: „Wir wussten gar nichts", sagt Karin. „Und wir können jedem, der neu anfängt, nur raten: Einfach nur tun, denn man lernt mit dem Tun. ENERGETIX liefert die fertige Existenz. Das Einzige, was man selbst noch beisteuern muss, ist: Du musst aktiv werden." Die Tipps, die Karin gibt, ermuntern auf der ganzen Linie: „Du musst einfach Mensch sein, greifbar sein, dich nicht verstellen, authentisch sein und nicht versuchen, eine Rolle zu spielen." Und noch ein Hinweis kommt von der erfahrenen Geschäftspartnerin, der gerade dem Einsteiger von Anfang an Selbstvertrauen gibt: „Keiner muss perfekt sein; Perfektionismus schreckt eher ab. Die Leute wollen Spaß haben; der Rest kommt von ganz allein, wenn wir uns wohlfühlen. Wir sollten uns immer fragen: Was will der Kunde? Lassen wir also jedem die Zeit, die er braucht. Mehr die Beratung ist gefragt, weniger der Verkauf. Vor allem: Niemals Druck auf den Kunden ausüben! Die Regel lautet: Das Geld kommt, wenn du für die Menschen da bist. Dann siehst du aber auch, wie leicht du Geld verdienen kannst. Das System ENERGETIX kann süchtig machen, wenn du das erlebst."

Motivation ist das A & O

Aber ohne Motivation geht es nicht. „Motivation ist das A und O", sagt Klaus, der weiß, dass der Basisgrund, ins Geschäft einzusteigen, am Anfang oft nur ganz klein ist. Deshalb lautet seine Devise: erst mal reinschnuppern lassen. Denn zu Beginn weiß der Neue oft von nichts, meistens auch nicht von der Selbstständigkeit. „Uns reicht schon, dass er ins Team kommt und die ersten Schritte macht. Jeder hat die Chance verdient. Also erst mal anfangen lassen und nicht sofort das Riesenergebnis erwarten. Der eine bleibt, der andere nicht. Aber wir unterstützen mit unserer Begleitung und zwar mit Rat und Tat."

Und das funktioniert offensichtlich. Viele Hundert Geschäftspartner haben sich von der Begeisterung der beiden nachhaltig anstecken lassen: „Wir begeistern nicht, wir

Die Wohnung fürs Team mit traumhafter Aussicht. Sie ist Teil der Motivationsstrategie von Karin und Klaus Becker.

Soviel Auszeit muss sein: Karin und Klaus mit ihren Jack Russel Terriern Geeny und Odin.

sind begeistert", sagt Klaus. „Wir lassen die Leute selbst entscheiden, denn begeistern kann man immer nur sich selbst." Über die Landesgrenzen hinaus halten Klaus und Karin ihre Trainings ab, mit denen sie die Motivation vermitteln, die für das Geschäft notwendig ist. „Die Leute wollen uns vor Ort haben und wir sind da, wenn man uns ruft." Klaus und Karin engagieren sich total. „Es ist unsere Entscheidung", sagen sie. „Wir sind voll aktiv und wollen keine Auszeiten. Wir halten es mit Konfuzius: Finde einen Job, den du liebst, und du wirst nie wieder arbeiten müssen."

Vom Mangel zur Fülle – mit Dankbarkeit

Der Erfolg gibt ihnen recht; von Anfang an wächst das Geschäft kontinuierlich. Vom heutigen Standpunkt aus gesehen, fassen Klaus und Karin ihr Leben mit knappen Worten zusammen: „Vom Mangel zur Fülle!" Und das ist nicht nur materiell gemeint. Denn das Geschäft wächst mit der Persönlichkeit und umgekehrt – immerwährend. Karin und Klaus haben sich in den ENERGETIX Strukturen zu Unternehmerpersönlichkeiten entwickelt mit weltweiten Aktivitäten. Sie besitzen mehrere Immobilien, darunter sogar eine Ferienwohnung fürs Team, die sie in ihre Motivationsstrategie integrieren. Das Paar genießt seine Freiheit und Unabhängigkeit und vergisst dabei keinen Tag, für das Erreichte dankbar zu sein. „Wir können mit Herz arbeiten. Das ist das Wichtigste." Ihre große Vision ist es, einen Beitrag für die Gesellschaft zu leisten. Karin und Klaus wollen eine Institution zur Erwachsenenweiterbildung ins Leben rufen. Menschen, die sich zu einem bestimmten Zeitpunkt die Frage stellen, ‚War das jetzt alles in meinem Leben?', sollen hier eine Antwort finden. Auch für bedürftige Kinder soll diese Institution Perspektiven bieten – naturbezogen, am Meer, mit dem Blick auf den Horizont. Ihr Herzblut stecken die beiden in dieses Projekt, mit dem sie ihr soziales Engagement weiter ausbauen wollen.

Vom ersten Tag an bietet der Direktvertrieb keinen starren Beruf mit festen Strukturen. Die Arbeitssituation kann sich verändern. Und auch die private. Und wie bei jeder selbstständigen Tätigkeit ist die eigene Initiative des Unternehmers gefragt. Eine der wichtigsten Regeln für den freien Geschäftspartner lautet: Mit Kontinuität arbeiten und sich auf Neues einlassen. Dann allerdings gehört der Erfolg zum System Direktvertrieb.

Sabine und Jörg Breda

Durchhalten, dranbleiben, ausprobieren – immer wieder

Ihr Herz schlägt für die Schauspielerei – eigentlich immer schon. Und sie kann auf eine beeindruckende Fernsehkarriere blicken: Zahlreiche Auftritte in der Gerichtsshow von Barbara Salesch, einige Rollen in der Krimi-Doku Niedrig und Kuhnt. Wer schafft es schon als Laienschauspielerin, einem Millionenpublikum bekannt zu werden? Gegen Ende ihrer Schauspielkarriere – vielleicht sollte man besser sagen: am vorläufigen Ende – wurde ihr sogar ein größeres TV-Engagement angeboten. Aber da gab es schon ENERGETIX. Und deshalb hat Sabine abgesagt.

Zum Schwärmen: das Leben von Sabine und Jörg.

41

Am Anfang war Skepsis

Ihren Beruf als Zahnarzthelferin hatte sie nach dem ersten Kind aufgegeben, um mehr Zeit für die Familie zu haben. Dann kamen mehrere Jobs, immer unter dem Gesichtspunkt, sich trotzdem um Kind und Mann kümmern zu können. Auch eine längere Tätigkeit im Direktvertrieb war dabei. Schließlich lud eine Bekannte zur Präsentation von ENERGETIX Schmuck ein. Sabine war skeptisch und hat, wie sie gesteht, nur der Gastgeberin zuliebe etwas gekauft.

Aber einer ihrer Grundsätze kam zum Tragen: ausprobieren! Nach kurzer Zeit war Sabine nicht nur vom erstandenen Schmuck begeistert, sondern von der gesamten Kollektion. Von dort bis zum Einstieg in den Job war ein kleiner Schritt, zumal ihr Mann Jörg sagte: „Das kannst du auch." Ok, sagte sich Sabine, du kannst es ja mal – man ahnt es schon – ausprobieren. Und siehe da, es lief gut an mit den Präsentationen.

Teamaufbau? Na klar!

Erst wenn der Teamaufbau hinzukommt, wird ein Schuh draus. Nein, sagte Sabine, will ich nicht. Ist nicht mein Ding. Bis ihr eine Kundin sagte: „So wie Sie Ihren Job machen, das ist so toll; das will ich auch. Wäre das möglich?" Na klar. Nach einem Monat hatte Sabine Breda, ob sie wollte oder nicht, ihr erstes Teammitglied – heute sind es ca. 350, von denen 20 ein super Einkommen haben und ca. 100 ein super Zweiteinkommen. Sabine tut allerdings auch etwas für ihren Erfolg und investiert Zeit in Präsentationen und Schulungen. Ein Wochenende im Monat ist für einen Event-Stand eingeplant, in der Regel von Freitag bis Sonntag. Und ihr Team erfährt neben einer intensiven Betreuung eine ganz besondere Unterstützung: Einmal im Jahr gibt's ein spezielles Team-Event. „Die Grünkohlwanderung neulich war ein super Erfolg", erinnert sich Sabine.

Vorteil der neuen Situation: Jeder findet zu seiner Stärke

Wenn Schauspieler sich für eine Zeit zurückziehen, spricht man von einer kreativen Pause. Bei Sabine war es mehr die private Baustelle. Ehemann Jörg sollte endlich die Schichtarbeit in der Glasfabrik aufgeben und mit ins Schmuckgeschäft einsteigen. Das war nicht so einfach, denn in der Selbstständigkeit gelten andere Regeln. Und wenn man perfekt sein will – und als Qualitätsprüfer in der Glasfabrikation musst du perfekt sein – dann kann man diesen Anspruch in der Selbstständigkeit nicht von heute auf morgen umsetzen. Also, die Bredas mussten sich zusammenraufen, sich fragen, wo jeder seine Stärken hat und der eine den anderen am sinnvollsten unterstützen kann. Durchhalten war in der Anfangsphase der gemeinsamen beruflichen Tätigkeit angesagt. Sabine und Jörg haben es geschafft, und heute wissen sie, dass

Durchgehalten und angekommen im gemeinsamen Beruf: Sabine und Jörg Breda.

es vielen Paaren so geht wie ihnen. Wenn der Partner hinzukommt, stellt er fest, dass der Co einen Vorsprung hat an Wissen und Erfahrung. Da kann es passieren, dass die Rollen der Geschlechter plötzlich neu definiert werden müssen. Es ist wichtig, diese Situation als Vorteil zu akzeptieren.

Unverkrampft in den Neustart

Zwischenzeitlich war das Einkommen eingebrochen. Die beiden wussten: Anders als in anderen Berufen kann man bei ENERGETIX sofort wieder richtig durchstarten, wenn man es nur will. Das Partygeschäft kam auch sofort mit den ersten Telefonaten wieder in Gang; mit dem Einschreiben war es etwas schwieriger. Hierbei hat Sabine eine wertvolle Erfahrung gemacht: nicht verkrampfen! Aus einer gewissen Angst heraus wollte sie unbedingt neue Geschäftspartner gewinnen. Das hat so nicht funktioniert. Erst als sie zu ihrer sympathisch flapsigen Art zurückgefunden hatte, klappte es wieder. „Ist mir doch egal", so beschreibt sie ihre Haltung, wenn sie die Job-Idee vorstellt. Und siehe da: Jetzt läuft's wieder. Und das, obwohl Sabine wählerischer geworden ist. Beim Team-Casting sieht sie heute genau hin: Wer könnte zu mir passen? Und sie dämpft die Anfangseuphorie ein wenig, um sich Enttäuschungen zu ersparen.

Mit Selbstbewusstsein im Leben besser klarkommen

Sabine und Jörg Breda sind in ihrem gemeinsamen Beruf angekommen. Das, was hier an Geld verdient werden kann, ist in den meisten Berufen nicht möglich, schon gar nicht als Frau, sagt Sabine. Anfangs kann der Verdienst geringer ausfallen, aber: dranbleiben! Es geht nicht nur ums ansehnliche Einkommen. Sabine ist durch die Tätigkeit als selbstständige Geschäftspartnerin viel selbstbewusster geworden; sie hat sich entwickelt. Sie kann heute viel besser mit anderen Menschen umgehen; sie hat gelernt, sich Ziele zu setzen und sich auf diese Ziele zu konzentrieren. Davon profitieren auch ihre Kinder, auf die sich das Selbstbewusstsein überträgt und die dadurch — davon ist Sabine überzeugt — im Leben besser klarkommen. Dann sind da noch die einmaligen Trainingsreisen, die sie mit ENERGETIX macht, sowie das tolle Auto aus dem ENERGETIX-

Einmal im Jahr: das besondere Event fürs Team.

Drive-Programm ... Sabine gerät ins Schwärmen, wenn sie ihre jetzige Situation überdenkt und schildert.

Für später denken die Bredas an die Intensivierung ihres sozialen Engagements für Kinder in Afrika, das sie heute schon in ihrer Gemeinde wahrnehmen. Und in der kleinen Finca in Spanien – das Fernziel der beiden – sollte ebenfalls der Gedanke des sozialen Engagements leben, zusätzlich zur generellen Einladung an die Teammitglieder, dort hinzukommen und Urlaub zu machen. Man kann den Mitgliedern im Team Breda nur raten: dranbleiben, durchhalten! Es lohnt sich.

Und die Schauspielerei? So ganz mag man nicht daran glauben, dass da nichts mehr kommt. Sabine hat schon beim Kataloglaunch auf der Bühne gestanden und „im komischen Fach" gezeigt, wie man eine Schmuckpräsentation nicht machen sollte. Und sie hat mit ENERGETIX einen Spot gedreht zum Thema Weiterbuchung, nach dem Motto: aus der Praxis für die Praxis. Also, da scheint noch was zu gehen!

Direktvertrieb ist ein Persönlichkeitsgeschäft. Hohe positive Ausstrahlung ist ein Vorteil. Aber auch wer weniger charismatisch ist, kann seine Anziehungskraft auf andere Menschen stärken, um persönlich und beruflich erfolgreich zu sein. Das Prinzip ist ganz einfach: zuerst an sich selbst arbeiten.

Silvia Leuschner

Jeder zieht die Leute an, die zu ihm passen

Nein, typisch ist die Karriere von Silvia Leuschner nicht. Sie ist im wahrsten Sinne des Wortes außergewöhnlich – und das gleich in mehrfacher Hinsicht.

Das fing schon mit dem Start an. Nachdem die gelernte Arzthelferin mit 40 Jahren noch eine Ausbildung zur Vitalberaterin absolviert und in dieser Sparte auch einige Jahre mit Erfolg gearbeitet hat, war sie irgendwann Gastgeberin einer Schmuckparty. Erst drei Monate später hatte sie zwei eigene Starterpartys. Bis zum ersten verkauften Schmuckstück verging dann noch einmal ein halbes Jahr, in dem Silvia intensiv Trainings besuchte. Normalerweise prägen „Training on the job" und „Learning by doing" die Startphase. Aber Silvia brauchte Sicherheit, bevor sie sich das erste Mal vor Kunden stellen wollte, und die holte sie sich in den Trainings.

Die eigene Begeisterung reicht aus

Untypisch sollte es weitergehen: Schon am zweiten Partyabend meldete sich eine Kundin: „Sagen Sie, könnte ich das auch machen?" Silvia musste improvisieren, denn sie war auf diese Frage nicht vorbereitet. Teamaufbau stand noch nicht auf ihrem Programm. Aber es hat geklappt: Silvia hatte die erste Geschäftspartnerin gewonnen. Das war im Juni. Im Dezember waren bereits 20 neue Partner im Team und immer nach dem gleichen Muster: Silvia war nur anwesend, hat ihren Schmuck präsentiert und die Job-Idee nicht einmal vorgestellt, geschweige denn die Frage nach einem möglichen Interesse gestellt. Allein die Art und Weise, die eigene Begeisterung haben dazu geführt, dass am Ende immer die Frage stand: „Du machst das so nett! Kann ich das auch machen?"

Der optimale Weg: durch positive Ausstrahlung die Menschen spüren lassen, „dass du deinen Job liebst."

Um die 300 Mitglieder zählt heute das Team, von denen einige auf dem Weg sind, langfristig davon leben zu wollen. „Wir haben ein sehr aktives und tolles Team, für das wir sehr dankbar sind." Mit den Homepräsentationen läuft es ähnlich. Meistens fragt Silvia nicht, ob jemand auch mal möchte, sondern sie wird gefragt. „Natürlich telefoniere ich mittlerweile auch, um Termine zu vereinbaren und versuche immer, eine gute und langfristige Kundenbeziehung aufzubauen." Von Party zu Party wird Silvia weitergereicht. Dabei nehmen die Gastgeberinnen gerne eine lange Wartezeit in Kauf.

Zunächst an sich selbst arbeiten

Wo liegt das Geheimnis dieser außergewöhnlichen Resonanz? Das Zauberwort heißt: positive Ausstrahlung. Silvia sagt, dass jeder die Leute anzieht, die zu ihm passen. „Wenn ich mich überwiegend mit positiven Dingen beschäftige, dann ziehe ich auch eher positive Dinge an – oder eben Menschen. Wenn die Menschen spüren, dass du mit dir und deinem Leben glücklich und zufrieden bist und ausstrahlst, dass du deinen Job liebst, wirkt das sicherlich auch eher anziehend. Auch mir gelingt das natürlich nicht immer, aber ich bin überzeugt, dass das der optimale Weg ist. Das Leben ist aber nun mal eine Berg- und Talbahn, und auch ich kenne natürlich andere Zeiten."

Auch nach ihren großen Erfolgen arbeitet Silvia ständig an ihrer Persönlichkeit. Gute Bücher lesen, Musik hören, Meditieren, Trainings zum Thema Kraft der Gedanken, Persönlichkeitsseminare, um nur einige Beispiele zu nennen. Das sei immer sehr wichtig, sagt Silvia, denn „unser Geschäft ist ein Persönlichkeitsgeschäft. Und genau so, wie sich Positives überträgt und die Begeisterung ansteckend wirkt, überträgt sich Negatives."

Überdurchschnittliches Einkommen

Täglich zieht Silvia mehr Menschen in ihren Bann – eine klassische Win-win-Situation mit fantastischer Eigendynamik. „Wenn ich mit Menschen über unser tolles Produkt oder über meinen Job rede, gibt mir das neue Energie." Und wer das Glück hat, Silvias Weg zu kreuzen, lernt einen unglaublichen Job kennen, einen Job, der sich keine Sekunde wie Arbeit anfühlt, den man mit größter Freude machen und dabei auch noch Geld verdienen kann, ohne Druck, außerhalb jeder langweiligen Routine. Das sind Silvias positive Werte, die sie auf andere ausstrahlt und die sie zusammenfasst mit ihrem Lebensmotto: bewusst heute und jetzt zu leben.

„Wir haben einen fantastischen Job anzubieten, den jeder risikolos ausprobieren kann, um zu schauen, ob er zu ihm passt. Das ist doch einfach genial! Wir finden es sehr wichtig, jedem Geschäftspartner einen optimalen Start zu bieten, d. h. zwei Starterpartys zu machen, um sie möglichst mit 35-40 % beginnen zu lassen, gute Trainings anzubieten und immer mit Rat und Tat zur Seite zu stehen." Wenn der Geschäftspartner mehr erreichen möchte, dann darf er sich Silvias voller Unterstützung gewiss sein: „Das Gute in unserem Job ist,

Bewusst und jetzt leben – sportlicher Ausgleich gehört für Silvia Leuschner dazu.

dass jeder Geschäftspartner so viel machen kann, wie er möchte, weil er ja leistungsbezogen bezahlt wird. Man kann die Menschen so lassen, wie sie sind und muss niemanden beurteilen."

Unterstützt wird Silvia von Ehemann Thomas. „Wir versuchen, unser Team mit den Trainings, die wir anbieten, optimal zu informieren und geben ihnen das Handwerkszeug, um mit Sicherheit und Freude den Kunden zu informieren. Das bringt uns riesigen Spaß und wir bekommen dadurch natürlich auch sehr viel zurück." Thomas ist noch in Teilzeit als selbstständiger Unternehmensberater tätig, möchte es aber immer weiter reduzieren.

Außergewöhnlich ist inzwischen auch Silvias Einkommen. „Wir haben einen hohen Lebensstandard, den wir auch gerne halten wollen. Wir machen viel Urlaub in unserem Wohnmobil und genießen die intensive Familienzeit", sagt Silvia, die dankbar dafür ist, dass es ihr so gut geht und dass sie einer Tätigkeit nachgehen kann, die ihr immer ausreichend Zeit für die drei Kinder lässt. Denn die Familie steht an erster Stelle. „Wenn man das, was man tut, aus Leidenschaft macht, fühlt es sich nie wie Arbeit an."

Den hohen Lebensstandard halten und ausreichend Zeit für die Kinder haben, zum Beispiel bei vielen großen und kleinen Reisen mit dem Familien-Wohnmobil.

Wer in seinem Beruf alles erreicht hat und sich nicht damit abfinden will, an die Grenzen des Machbaren gelangt zu sein, findet bei ENERGETIX die Alternative. Hier kann der Erfolg bei entsprechendem Einsatz in der Tat grenzenlos sein. Der Weg an die Spitze führt über den Aufbau des Teams mit engagierter kontinuierlicher Betreuung.

Biba und Pino Marseglia

Was hat der andere davon, dass es mich gibt?

Zunächst hat sich Biba nur über den Schmuck gefreut, den sie über eine Kundin ihres Wellnessinstituts kennengelernt hatte. Doch dann, nach zwei Jahren, ist der Funke der Job-Idee plötzlich übergesprungen. 14 Jahre hat die Kosmetikerin Biba Marseglia ihr eigenes Studio mit vier Angestellten erfolgreich geführt. Alles, was man mit solch einem Institut schaffen kann, hatte sie erreicht. Also war die Zeit reif für etwas Neues und Biba wandte sich direkt an ENERGETIX in Bingen. Hier leitete man sie an ihren Mentor weiter. Heute zählen Biba Marseglia und ihr Mann Pino zu den erfolgreichsten Geschäftspartnern von ENERGETIX Bingen.

„Sie müssen einen lukrativen Job haben!" Biba und Pino mit ihrem Mercedes aus dem ENERGETIXDrive-Programm.

Vom goldenen Käfig in die Freiheit

Aus heutiger Sicht – die beiden sind seit 2003 selbstständige Geschäftspartner von ENERGETIX Bingen – bezeichnet Biba ihr Wellnessinstitut als „goldenen Käfig": Von morgens 8 bis abends 20 Uhr und manchmal länger fühlte sie sich verpflichtet, am

Arbeitsplatz anwesend zu sein. Ihre aktuelle Job-Situation empfindet Biba als reine Freiheit. Arbeits- und Freizeit kann sie frei einteilen, obwohl – eigentlich ist sie immer für den Designschmuck mit den integrierten Magneten unterwegs: „Wo ich geh' und steh'. Es gibt für mich kaum Grenzen. Selbst im Schwimmbad knüpfe ich neue Kontakte", sagt Biba.

Praxis fürs Team: Stärkung der Kontaktmuskeln

Für die Ansprache von Interessenten direkt auf der Straße hat Biba eine geniale dreistufige Strategie, die sie gerne auch neuen Teammitgliedern in der Praxis vorführt. „Wir stärken unseren Kontaktmuskel", lautet das Motto, und lernen dadurch, Alltagssituationen zu nutzen, um ins Gespräch zu kommen, zum Beispiel beim Einkaufen, beim Essengehen usw. Voraussetzung ist immer, dass jemand Biba aus irgendeinem Grund zusagt, entweder durch ein ansprechendes Outfit oder durch die allgemeine Ausstrahlung. Absolute Ehrlichkeit ist angesagt.

Stufe 1: Stehen bleiben und die freundliche Formulierung: *Entschuldigung, darf ich Sie mal ansprechen?*

Stufe 2: Die angesprochene Person bleibt stehen, beantwortet die Frage mit Ja. Es folgt der Satz: *Sie sind mir positiv aufgefallen.*

Stufe 3: *Ich bin Unternehmerin im Bereich Schmuck und Wellness. Ich bin dabei, mein Geschäftsfeld zu erweitern. Ich dachte, jemand wie Sie würde ins Team passen.*

„Entschuldigung, darf ich Sie mal ansprechen? Sie sind mir positiv aufgefallen. Ich dachte, jemand wie Sie würde ins Team passen."

Nach unzähligen solcher Kontaktversuche berichtet Biba etwas, das für jeden Neueinsteiger eine große Ermunterung sein muss: Sie hat dabei noch nie einen unfreundlichen Menschen getroffen. Zunächst bedanken sich die meisten erst einmal, dass man sie angesprochen hat. Dann folgt entweder ein „Nein, danke" oder aber ein „Ja", und es entwickelt sich ein lockeres Gespräch, das im Austausch der Kontaktdaten mündet. Und dann wird selbstverständlich nachtelefoniert. Biba bezeichnet das Ansprechen fremder Menschen auf der Straße als höchste Kunst der Kontaktaufnahme. Dass es so einfach und erfolgreich sein kann, hat schon vielen in ihrem Team zum Durchbruch verholfen.

Das Wichtigste: Es muss Spaß machen

Eine Mischung aus Schmuckpräsentation, Messen, Verkaufsständen und Direktansprache sorgt für Abwechslung im täglichen Geschäftsaufbau. Das Wichtigste ist, dass es einem selbst Spaß macht und man sich wohlfühlt – und da gibt es bei ENERGETIX Bingen vielfältige Möglichkeiten.

Über 1.000 Geschäftspartner sind heute im Team Marseglia. Biba nimmt sich für jeden Monat vor, wenigstens zwei neue Marketing Direktoren auf den Weg zu bringen. Sie unterstützt auch ihre Teammitglieder dabei, weitere Geschäftspartner auf die 40 %-Stufe zu führen. Dabei ist persönliche Zielsetzung ein wichtiger Garant für Erfolg.

Natürlich gibt es auch immer mal wieder Rückschläge. Man legt sich für jemanden besonders ins Zeug, der dann später doch andere berufliche Pläne verfolgt. „Absolut legitim", sagt Biba. Das ist normal und gehört einfach dazu. Auch dass mal eine Homepräsentation kurzfristig abgesagt wird oder sonst ein Termin platzt, ist normal, wenn nicht gar an der Tagesordnung. „Damit rechnest du, das steckst du weg. Wichtig ist, dass man kontinuierlich und mit Disziplin weitermacht."

Mit ENERGETIXDrive zu neuen Kontakten

Wie einfach und mit wie viel Spaß dieses Arbeiten verbunden sein kann, das hat Biba neulich an der Tankstelle erfahren, als sie dabei war, ihren Mercedes aus dem ENERGETIXDrive-Programm zu tanken. „Sie müssen aber einen lukrativen Job haben", sprach sie ein Herr an, dem das ENERGETIX Logo auf dem Fahrzeug aufgefallen war. Es war nicht das erste Mal, dass Biba wegen ihres repräsentativen Wagens mit dem Firmen-Branding angesprochen wurde. Aber heute sollte es besonders interessant werden. Es stellte sich heraus, dass der Herr ein Bekleidungsgeschäft in Bibas Stadt betreibt. Kurz, man kam ins Gespräch und tauschte die Visitenkarten. Und natürlich wurde auch in diesem Fall nachtelefoniert. Mit Erfolg. Einige Wochen später profitierten beide von einer gemeinsamen Veranstaltung, bei der jeder seinen Kunden ein neues Outfit-Produkt vorstellen konnte.

Motivation fürs Team, aber auch für sich selbst

Große zusätzliche Motivation bieten Biba und Pino die Wettbewerbe von ENERGETIX Bingen. Besonders beeindruckend war eine Trainingsreise nach Bali, die auch als

Trainingsreise nach Bali. Die Motivation wird ans Team weitergegeben nach dem Motto: Was hat der andere davon, dass es mich gibt?

Gruppenerlebnis in bester Erinnerung geblieben ist. Wie bei allen Aktivitäten gilt auch hier der Leitspruch: Was hat der andere davon, dass es mich gibt? Deshalb geben die beiden die Motivation, die durch die Wettbewerbe erfolgt, an das Team weiter. Denn jeder hat die Chance, durch besonderen Einsatz eine der drei Kategorien zu erreichen. Und jeder zusätzliche Umsatz, jeder neu gewonnene Geschäftspartner bringt den Einzelnen und das gesamte Unternehmen weiter voran.

Die Tätigkeit bei ENERGETIX Bingen bietet Biba und Pino die ideale Möglichkeit, sich nach ihren jeweiligen Fähigkeiten voll zu entfalten. Während Biba die Frontfrau macht und bei allen Aktionen aktiv ist, die nach außen gehen, wie Homepräsentation, neue Geschäftspartner gewinnen, Trainings geben, hält Pino ihr den Rücken frei und arbeitet mehr im Hintergrund bei Verwaltung und Organisation. Zusammen ergänzen sie einander perfekt. Eine gute Basis, um das nächste Ziel anzuvisieren: Eine Wohnung am Wasser mit Seeblick und riesengroßer Terrasse. „Ich seh's eigentlich schon genau vor mir", sagt Biba. Sie werden es schaffen.

Wenn die Kinder aus dem Haus sind, bietet der Direktvertrieb zahlreiche Möglichkeiten, sich beruflich neu zu orientieren. Produktsortiment, Vergütungsplan und Arbeitsbedingungen bringen Geschäftspartnern von ENERGETIX einen klaren Vorsprung auf dem Weg einer erfolgreichen Karriere. Aber man muss etwas dafür tun, um die Stufen der Erfolgsleiter emporzusteigen. Und man muss einige Regeln beachten, um den Erfolg andauern zu lassen.

Inge Møller Nielsen

Immer für das Team arbeiten – aber auch für sich selbst

Inge Møller Nielsen mit ENERGETIX in Nepal auf einer Trainingsreise der ersten Kategorie.

30 Jahre hat Inge Møller Nielsen als Sprechstundenhilfe bei Ärzten und in Hospitälern gearbeitet. Sie war mit ihrer Tätigkeit nicht immer zufrieden, aber so hatte sie als alleinerziehende Mutter ausreichend Zeit, sich um ihre beiden Kinder zu kümmern. Sobald die aus dem Haus waren, probierte Inge ihr Glück im Direktvertrieb. Aber es lief am Anfang nicht so gut. Die Präsentation von Haushaltsartikeln nahm bei den Homepartys zu viel Zeit in Anspruch, und die Kosmetik-Produktpalette war einfach zu umfangreich, um für die Kunden immer alle Informationen parat zu haben. Inges Bruder – Geschäftspartner von ENERGETIX – machte sie schließlich auf den exklusiven Designschmuck mit den integrierten Magneten aufmerksam. Ausschlaggebend bei Inges Entscheidung für ENERGETIX war ein Schlüsselerlebnis: Die beiden präsentierten ihre Produkte gemeinsam in einem Altenheim mit dem Ergebnis, dass Bruder Niels innerhalb kurzer Zeit drei Schmuckstücke verkauft hatte und Inge lediglich einen Lippenstift.

Überwältigender Start

Es muss also was dran sein, dachte sich Inge, und buchte für die Präsentation des Designschmucks die erste Messe in der Nähe ihres Wohnortes. Der Erfolg war überwältigend. Die Besucher waren an der Kollektion sehr interessiert, viele kauften Schmuck, und Inge führte die ersten Gespräche über die Job-Idee. Insgesamt war die erste Aktion ein Riesenerfolg, sodass Inge beschloss, diesen Weg weiter zu verfolgen. Ab jetzt buchte sie Messen und Events im ganzen Land und über die Grenze hinaus bis nach Schweden. Der Erfolg der ersten Veranstaltung hielt an. Der Schmuckumsatz stieg kontinuierlich und die Leute, die Inge für die Tätigkeit des selbstständigen Geschäftspartners begeistern konnte, wurden immer mehr. Das war auch gut so, denn die Mentorin konnte die Messetermine nicht mehr alleine bewältigen und war froh, einige Termine an andere Geschäftspartner weitergeben zu können.

Aufgabe fürs Leben mit viel Freude

Die Begleitung der neuen Partner in den Beruf liegt Inge Møller Nielsen sehr am Herzen: „Ich finde eine intensive Betreuung von Anfang an optimal", sagt sie. „Das Wissen weiterzugeben, ist von enormer Bedeutung fürs Team." Sehr hilfreich ist dabei das Medium des Online-Trainings. Bis zu acht Trainings dieser Art hält sie pro Monat ab. Hinzu kommen natürlich die eigenen Schmuckpräsentationen, die Messen und die tägliche zusätzliche Betreuung des wachsenden Teams per Telefon und Mail. Inge hat einen Fulltime-Job. „Eine Lebensaufgabe", wie sie sagt. „Man kann es eigentlich nicht Arbeit nennen, weil es so viel Freude macht. Ich habe ein ganz anderes Leben als früher. Ich habe Geld zur Verfügung, Freiheit, keinen Chef, der sagt, was zu tun ist. Ich habe unendlich viele Möglichkeiten. Dass ich Zeit mit meinen Enkelkindern verbringen kann, wann immer ich es will, empfinde ich als absolutes Privileg. Ebenso die Arbeit in meinem Garten. Das ist Lebensqualität, die mich richtig froh macht."

Lebensqualität pur: Inge Møller Nielsen ist leidenschaftliche Hobbygärtnerin.

Der Zeitplan bedarf der Korrektur

Aber gerade das Wohlfüh-
len auf der Welle des Erfolges verlangt Aufmerksam-
keit und Selbstbesinnung.
Inge Møller Nielsen ist sehr
erfolgreich. In ihrem Wagen
aus dem ENERGETIXDrive-
Programm fühlt sie sich „wie
eine Königin". Sie qualifiziert
sich in den Wettbewerben
fast immer für die erste Kategorie und nimmt an Trainingsreisen teil, bei denen
sie in einen beinah familiären Freundeskreis aufge-
nommen wird. Doch Inge

Kondition für die kontinuierliche Karriere durch Radfahren und Joggen.

merkt plötzlich, dass ihr Zeitplan einer Korrektur bedarf, dass sie wieder mehr für
sich selbst tun muss: „Die Arbeitszeit, die man investiert, muss gleichmäßig aufge-
teilt sein auf Teamunterstützung und auf eigene Aktivitäten, sonst funktioniert das
Geschäft nicht. Man muss mit Kontinuität arbeiten, nicht nur fürs Team, sondern
auch für sich selbst."

Auch die eigenen Aktivitäten berücksichtigen

Inge hat rechtzeitig festgestellt, dass die Dynamik des Direktvertriebs hin und wieder
Korrekturen erfordert. Ihr erklärtes Ziel ist die Ausweitung und Stärkung des Teams
bei gleichzeitiger Berücksichtigung der eigenen Interessen und Aktivitäten, also wieder mehr eigene Schmuckpräsentationen und Messen. „Denn das Team macht das
nach, was man selbst vormacht", weiß die erfahrene Mentorin. Fest einplanen wird
sie die Zeit für die Wettbewerbsreisen. „Vietnam und Nepal waren toll. Und es ist immer wieder schön, die Menschen bei ENERGETIX zu erleben. Sie geben mir immer
viel Energie. Die Botschaft gebe ich auch an mein Team weiter. Du erlebst so viel, das
du sonst nie erleben würdest. Und eine solche Reise ist eine enorme Auszeichnung,
die Kraft für die Zukunft gibt. Auch die Events für Newcomer in Bingen sind sehr zu
empfehlen. Es ist einfach schön, die herzliche Atmosphäre dort zu erleben." In ihrem
neuen Zeitplan berücksichtigt Inge auch ihre sportlichen Aktivitäten, die sie als Ausgleich braucht. Mit Joggen und Radfahren verschafft sie sich die Kondition für die
Kontinuität in ihrer Karriere. „Ich werde immer dabei sein", sagt sie. „Ein Leben ohne
ENERGETIX kann ich mir nicht vorstellen."

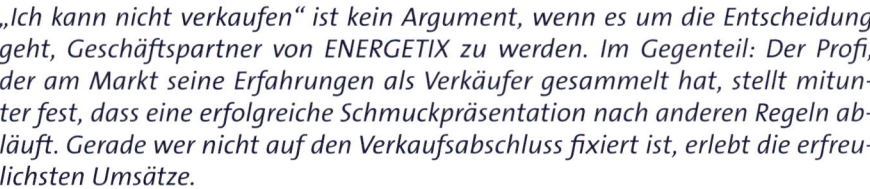

„Ich kann nicht verkaufen" ist kein Argument, wenn es um die Entscheidung geht, Geschäftspartner von ENERGETIX zu werden. Im Gegenteil: Der Profi, der am Markt seine Erfahrungen als Verkäufer gesammelt hat, stellt mitunter fest, dass eine erfolgreiche Schmuckpräsentation nach anderen Regeln abläuft. Gerade wer nicht auf den Verkaufsabschluss fixiert ist, erlebt die erfreulichsten Umsätze.

Bernd Lindhauer

Vom Verkaufs-Vollprofi zum Schmuckberater aus Leidenschaft

Wer wie Bernd Lindhauer in einem großen Möbelhaus die Küchenabteilung geleitet hat, der hat zweifellos bewiesen, dass er verkaufen kann. Dass er mit großem Engagement bei der Sache ist, war einem Ehepaar aufgefallen, das sich von ihm die neue Küche zusammenstellen ließ. Ob er nicht Lust habe, nebenbei etwas Geld zu verdienen. Hatte er, aber keine Zeit. Vom Direktvertrieb keinen Schimmer, und ein Schmucktyp war er auch nicht. Trotzdem hat er sich von seinen zukünftigen Mento-

Bewusst den Augenblick genießen: Für Bernd Lindhauer steht heute Gesundheit an erster Stelle.

ren zur Geschäftspräsentation einladen lassen. Und hier fiel ein Satz, der möglicherweise bestimmend für Bernds spätere Erfolge war: „Wir brauchen dich nicht, aber du würdest super ins Team passen." Das hatte Bernd verstanden: „Ich hatte nie das Gefühl, dass die mich kriegen wollten", erinnert er sich heute. „Mir wurde lediglich die Chance geboten, einen neuen Job auszuprobieren." Ganz wichtig war für Bernd, dass er kein Risiko eingehen musste: keine Mindestabnahme und die Möglichkeit, alles zurückgeben zu können, falls der Start nicht klappen sollte.

Man muss kein Verkäufertyp sein

Bernd lud Freunde und Verwandte zur ersten Schmuckpräsentation ein und seine Mentorin zeigte ihm, wie man's macht. „Das hatte mit dem Verkaufen, wie ich es kenne, nicht viel zu tun", stellt der Experte schnell fest. „Das krieg ich locker hin." Ganz so einfach war's dann doch nicht. Bernd musste sich umgewöhnen; zu sehr steckten die alten Regeln noch in ihm drin. „Ich habe mich am Anfang zu sehr aufs Verkaufen konzentriert", sagt er heute. Der Umsatz war dann auch nicht so, wie er ihn sich gewünscht hätte. Ein Kollege gab den entscheidenden Tipp: „Nicht verkaufen, sondern beraten! Sei für die Leute da, dann kommt der Umsatz ganz von allein." Und Bernd erinnerte sich an die Einstellung seiner Mentoren: „... wir brauchen dich nicht." Er wandelte den Satz ab und gab seinen Kunden ab sofort das Gefühl: „Es wäre schön, wenn Sie etwas kaufen, aber Sie müssen es nicht." Das war der Durchbruch: „Sobald die Leute merken, dass ich den Schmuck nicht auf Teufel komm raus an den Mann oder die Frau bringen will, stimmen die Umsätze. Ich überlasse es den Kunden, zu entscheiden." Wenn Bernd heute die Job-Idee vorstellt und dabei auf den Einwand trifft: „Aber ich bin kein Verkäufer", dann lautet seine überraschende Antwort: „Na super! Du musst kein Verkäufertyp sein. Du musst einfach nur deine Begeisterung mit Leidenschaft weitergeben. Wenn du dich in erster Linie als Berater siehst, dann kommt der Verkauf von alleine."

Vormachen und Nachmachen

Bernd Lindhauer ist ein schönes Beispiel für eine der wichtigsten Regeln im Direktvertrieb: vormachen – nachmachen. Seinen Mentoren war er dadurch aufgefallen, dass er mit besonderem Engagement bei der Sache war. Das haben sie ihn spüren lassen und deshalb haben sie ihn angesprochen. Heute ist es Bernd, der ein besonderes Auge auf Menschen hat, die ihren Job mit Leidenschaft ausüben. Die Bedienung im Therme-Restaurant zum Beispiel. „Machen Sie das hauptberuflich? Man merkt, dass es Ihnen Spaß macht. Ich suche Leute, die Spaß an ihrem Beruf haben." Die Antwort kommt prompt und sympathisch: „Ich hab hier immer Gäste, die gerne ein paar nette Worte von mir hören und denen ich einen freundlichen Service bieten kann. Was will ich mehr?" Solche Begegnungen hat Bernd öfter: Wenn er mit dem Service zufrieden ist, wenn er sieht, dass die Arbeit Spaß macht, dann spricht er die Leute an und informiert sie über die Job-Idee mit Magnetschmuck.

Wenn hinter dem Ziel ein weiteres wartet – umso besser

Bernd selbst hat den Spaß bei der Arbeit gefunden. Er schätzt das freie Arbeiten, die Möglichkeit, sich den Tag so einzuteilen, wie er es möchte. Niemand sagt, was er zu tun oder zu lassen hat, wann, wo und mit wem er arbeiten muss. Er ist der Chef; er bestimmt, wie der nächste Tag aussehen soll. Der beginnt in der Regel mit morgendlicher Büroarbeit. Mittags wird gejoggt. Der Nachmittag ist Telefonaten mit Kunden vorbehalten. Bernd erkundigt sich nach der Zufriedenheit, nach Erfahrungen, und hält so den Kontakt. Dann müssen die Schmuckpräsentationen vorbereitet werden und die Messen und Märkte. Einmal im Monat trifft sich der Verkäufer aus Leidenschaft mit zwei anderen Geschäftspartnern zum „Telefonmarathon", wie sie es nennen. Bei Kaffee und Kuchen und einem Gläschen Sekt telefoniert jeder die Daten aus dem Quittungsblock ab; die anderen hören zu und kommentieren anschließend das Gespräch. „Es macht super Spaß", sagt Bernd, „und wir werden mehr und mehr zu echten Telefonprofis."

Eigener Chef mit verdienten kleinen Auszeiten: Bernd Lindhauer als gefragter DJ im Einsatz.

Bernd hat eine weitere Leidenschaft mit seiner neuen Tätigkeit entdeckt: Er will mit lieben Menschen sein Team vergrößern und sie in die Selbstständigkeit führen, sie begleiten, bis sie alleine schwimmen. Das ist eines seiner Ziele. Ansonsten will er sich selbst einfach gut fühlen, bewusst den Augenblick genießen. Gesundheit steht für Bernd heute an erster Stelle. Das bedeutet auch, die verdiente kleine Auszeit einzuplanen, in der er zum Beispiel Sport treibt oder als gefragter DJ unterwegs ist. Wenn hinter dem Ziel ein weiteres Ziel wartet – umso besser. Auftrieb bekommt Bernd jedes Mal, wenn er ein „Danke" hört. „In den 4 ½ Jahren Küchenverkauf gab es eine Handvoll Menschen, die gesagt haben: Toll gemacht! Jetzt kommt dieses Feedback der Kunden doppelt und dreifach. Das tut einfach gut. Davon hätte ich gern mehr." Bernd wird im Laufe seiner Karriere wohl noch viele Dankeschön hören.

Fulminanter Start – persönliche Baustelle – Umsatzeinbruch. Nichts Unge-
wöhnliches im Direktvertrieb. Die Devise kann nur lauten: nicht runterziehen
lassen, durchhalten, weitermachen. Das Unternehmen zeigt Verständnis. Das
Konzept von ENERGETIX ist so aufgestellt, dass man nach überstandener Krise
wieder mit neuer Kraft durchstarten kann.

Eva Firus

Du gehörst dazu, auch wenn's gerade nicht so gut läuft

Was will man machen: Es gibt im Leben Situationen, da muss man mal stehen bleiben, innehalten, durchatmen, ob man will oder nicht. Wenn sich plötzlich eine private Baustelle auftut, kann man nicht so tun, als wäre nichts passiert. Eva Firus sah
sich eines Tages mit solch einer Situation konfrontiert. Dabei hatte ihre Karriere bei
ENERGETIX so verheißungsvoll begonnen. Nicht, dass sie auf den Magnetschmuck
geflogen ist. „Es war eher so, dass ENERGETIX mich gefunden hat", sagt Eva Firus.
Eine hartnäckige Freundin hat sie zur ersten Präsentation mehr gelockt als eingeladen, worüber Eva anfangs gar nicht erfreut war. Aber als sie ein halbes Jahr später als
Gastgeberin die erste eigene Schmuckparty erlebte, hat sie mal schnell überschla-
gen, was die Geschäftspartnerin in nur zwei Stunden bei einem Umsatz von 800
Euro verdient hat. „Dafür muss ich lange basteln", sagte sich Eva.

Eva hatte Herrenschneiderin gelernt. Nach dem Erziehungsurlaub kümmerte sie sich
in erster Linie um die beiden Kinder. Sobald es dieser Fulltime-Job erlaubte, gab sie
Bastelkurse an der VHS und bot ihre Bastelarbeiten auf Kunsthandwerkermärkten
an. Die ENERGETIX Armbänder passten zu ihrem Sortiment, also nahm Eva sie mit
auf die Märkte.

Nach der ersten Party ging's richtig los

Nach einem halben Jahr war es dann soweit: Eva hatte ihre erste eigene Schmuckpräsentation mit schönem Umsatz und – was für die weitere Entwicklung noch
wichtiger war – mit zwei Weiterbuchungen. Danach ging's richtig los: Eva wurde
förmlich überrollt. Eine Party nach der anderen – der Traum eines jeden neuen Geschäftspartners: Die Leute rissen ihr den Schmuck geradezu aus den Händen. Eva
war aus dem Stand heraus mit ihrem neuen Job so beschäftigt, dass sie ab sofort

keine Zeit für Handwerkermärkte und VHS-Kurse hatte. Auch der Teamaufbau entwickelte sich prächtig. Von den über 100 Leuten, die im Team tätig sind, hat Eva 70 selbst eingearbeitet. Hier war es ebenfalls so, dass ihr die Menschen praktisch zuflogen. „Es kam von allein", sagt sie. Es lief super, was nicht zuletzt in vielen gewonnenen Wettbewerben mit intensivem Erfahrungsaustausch und Teamerlebnis zum Ausdruck kam.

Der Scheck wurde kleiner

Dann ereilte Eva die private Baustelle mit Trennung und Scheidung. Das ging an die Nieren und schlug auf die Stimmung. Eva hatte in dieser Zeit keine Lust, mit ihrer schlechten Laune auf Homepartys zu erscheinen. „Das bringt nichts." Auf den Märkten war sie noch vertreten, aber um das Team konnte sie sich kaum noch kümmern. Sollte man aber tun, wie Eva bald feststellen musste: „Im Wort selbstständig steckt ständig. Du musst ständig den Kontakt zum Team halten. Von alleine läuft das nicht." Folge: Der Scheck wurde spürbar kleiner. Doch das war gestern. Die privaten Sachen sind inzwischen sortiert; die Großbaustelle ist beseitigt und Eva wieder am Start mit verstärktem Telefonieren und intensiveren Marktaktivitäten. Pro Markt gab's früher einen neuen Geschäftspartner. Da will Eva wieder hin. Und auch die Homepartys werden wieder mehr. Eva hat die Krise überwunden.

Events mit Erfahrungsaustausch und Teambildung: Eva Firus im Klettergarten.

Immer ein offenes Ohr

In dieser schwierigen Zeit hat Eva Firus das Unternehmen ENERGETIX von einer besonderen Seite kennengelernt: Sie ist auf großes Verständnis für ihre persönliche

Situation getroffen. Niemand hat sie auf den gesunkenen Umsatz aufmerksam gemacht und entsprechende Forderungen gestellt. Im Gegenteil: Die Menschen waren für sie da, auch wenn es um ihre persönlichen Belange ging. Man hatte immer ein offenes Ohr für sie. Immer, wenn sie nach Bingen kam, hatte sie ein bisschen das Gefühl, nach Hause zu kommen. „Du gehörst dazu, auch wenn es gerade nicht so gut läuft." Dieses Feeling sollte nach Evas Meinung jeder Geschäftspartner so schnell wie möglich bekommen und sich bei einem Besuch in der Zentrale in Bingen selbst ein Bild von der Verlässlichkeit des Unternehmens machen. „Meetings, Trainings und Events sind sehr wichtig und unterstützen die Einarbeitung der Neuen enorm." Zumal diese Treffen immer auch viel Spaß machen. Eva liebt den Austausch mit anderen Geschäftspartnern, vor allem auf dem Kataloglaunch, dem wohl wichtigsten Event im Jahr.

Treffen mit besonderem Akzent: Events mit Promikontakt.

Eins hat Eva während ihrer bisherigen Zeit als freie Geschäftspartnerin aus eigener Erfahrung gelernt: Man darf sich von Rückschlägen nicht runterziehen lassen. „Ich weiß, dass ich es kann und ich weiß, dass ich es wieder kann. Auch wenn es momentan nicht läuft, ist es wichtig, dass man immer im Hinterkopf behält: Irgendwann wird's wieder gehen. Und dann wird es auch so sein." Eva ist aus ihrer Krise gestärkt wieder aufgestiegen. Sie will wieder dorthin, wo sie mal gewesen ist. Das hat mit viel Fleiß zu tun, aber Eva ist sich sicher: „Der Schmuck und die Menschen begleiten mich."

VON ANDEREN DIREKTVERTRIEBEN ZU ENERGETIX

Der Direktvertrieb boomt. Doch es gibt nicht nur positive Nachrichten. Kritikpunkt sind oftmals überzogene Versprechungen, die allzu große Erwartungen wecken. Wer mit der Erfahrung aus anderen Direktvertriebsunternehmen auf ENERGETIX blickt, der sollte den Vergütungsplan unter die Lupe nehmen und die Zahlen vergleichen. Der Mehrwert, der auf dem Konto des Geschäftspartners landet, generiert sich durch den Verkauf des Produktes an den Endkunden und aus der permanenten Betreuung der Teammitglieder. Der Flottenvertrag mit Mercedes-Benz im ENERGETIXDrive-Programm ist bestimmt durch ausgehandelte günstige Konditionen und echte Zuzahlung vom Unternehmen – Belohnung für erzielte Leistung statt Druck für mehr Umsatz. Das alles ist auf dem Papier nachprüfbar. Die einzigartige Atmosphäre jedoch im Unternehmen und unter den Geschäftspartnern bei Trainings, Events oder Wettbewerbsreisen kann man nur direkt und persönlich erfahren. Über allem steht das Motto: Mit Menschlichkeit zum Erfolg!

Auch nach negativen Erfahrungen im Direktvertrieb lohnt es sich, bei ENERGETIX reinzuschnuppern. Es beginnt schon beim Vergütungsplan mit Top-Konditionen und lohnendem Teamaufbau. Die direkte Ansprache der Gastgeberin ist bei der Suche nach neuen Geschäftspartnern sehr erfolgsversprechend.

Dominique und Roland Strauß

Nie wieder Direktvertrieb – jetzt suche ich mir was Gescheites

Es scheint da doch irgendwo einen kleinen Unterschied zu geben, jedenfalls ist Dominique Strauß wieder im Direktvertrieb tätig: bei ENERGETIX. Sie zählt zusammen mit ihrem Mann Roland zu den Erfolgreichsten und zu denjenigen, die große Freude daran haben, ihre Begeisterung über den Job an andere weiterzugeben. Und ihnen dadurch sogar zu einem neuen Leben zu verhelfen – so, wie es ihnen selbst vor einigen Jahren ergangen ist.

Der Babyladen lief nicht so gut

Die gelernte Hotelkauffrau hatte sechs Jahre in verschiedenen Unternehmen mit direktem Vertrieb gearbeitet. Ihr Urteil: Damit kann man kein Geld verdienen. Aber das Geldverdienen war bitter nötig, denn die junge Familie war in einem kompletten finanziellen Ruin gelandet. Nach der Geburt des zweiten Kindes hatte Dominique zusammen mit ihrem Mann einen Babyladen aufgemacht. Der lief nicht so gut. Die beiden waren zwar mit großer Begeisterung für das Thema Baby und Kleinkind in das Projekt reingegangen, aber leider auch zu blauäugig. Sie hatten sich schlicht und einfach übernommen. Der Laden musste geschlossen werden; danach herrschte finanzielle Not. Nur gut, dass in dieser Zeit Hilfe von der Familie kam.

Roland arbeitete schon einige Jahre als Elektromechaniker in der Schweiz. Nachdem das dritte Kind knapp zwei Jahre alt war, wechselte auch Dominique in das Alpenland als Fachkraft in einer Werbeagentur, denn diesmal sollte es „was Gescheites" sein. Zweieinhalb Jahre hatte sie für die Werber Kunden akquiriert und betreut, als ihre beste Freundin anrief und sie zu einer Homepräsentation von Magnetschmuck einlud. Dominique wollte eigentlich nicht, aber was tut man nicht alles für die beste Freundin, die die Gastgeberin war und noch weitere Gäste suchte. Der Schmuck war toll und auch die Atmosphäre, die sich deutlich von dem unterschied, was sie bisher

Super Image – Dominique und Roland Strauß mit ihrem Mercedes aus dem ENERGETIXDrive-Programm.

Neue Leidenschaft – Dominique Strauß vermittelt ihre Begeisterung von Schmuck und Job-Idee.

vom Direktvertrieb kannte. Sie hat sogar etwas Schmuck gekauft und nach sechs Wochen konnte sie der Versuchung nicht länger widerstehen: Sie wollte selbst Gastgeberin werden.

Neustart im Direktvertrieb

Dieser Entschluss sollte sich als schicksalsbestimmend erweisen. 14 Gäste saßen in Dominiques Wohnzimmer, als die Geschäftspartnerin anrief und sagen musste, dass sie sich nicht unwesentlich verspäten würde. Doch die Gastgeberin ließ sich nicht aus der Fassung bringen und hielt die Runde bei Laune. Trotz der Verspätung lief die Party super, der Umsatz war toll und die Begeisterung über Produkt und Art der Präsentation bewirkten schließlich den entscheidenden Stimmungswandel. Obwohl sie „nie wieder" gesagt hatte, wollte sie wieder in den Direktvertrieb einsteigen.

Vier Tage später, am 12. Dezember, war ihre erste eigene Präsentation. Dominique wusste: Günstiger kann der Zeitpunkt für einen Start nicht sein: Vorweihnachtszeit. Und obwohl für eine Einarbeitung keine Gelegenheit war, lief das Geschäft sehr erfolgreich an. Als erfahrene Direktvertrieblerin kannte sie eine einfache Regel: je mehr Partys, desto mehr Kunden. Also visierte sie von Anfang an zwei bis drei Weiterbuchungen pro Party an. Und siehe da: Es funktionierte. Schon im ersten Monat wurden die angestrebten 4.500 Punkte um 500 übertroffen, im zweiten Monat gar um 1.000. Und am nächstmöglichen Stichtag erfolgte die Ehrung im STARCLUB! Das Ehepaar schaltete den Computer an und traute seinen Augen nicht: Herzlich willkommen, liebes STARCLUB Mitglied! Dominique und Roland Strauß waren stolz auf das, was sie in so kurzer Zeit erreicht hatten, und es war für sie selbstverständlich, beim nächsten Treffen des STARCLUBs mit dabei zu sein. „Wir kannten niemanden, haben aber nur nette Leute getroffen."

So einfach, so schnell

Der Schnellstart in diese Top-Position kam für Dominique nach ihren Erfahrungen in anderen Direktvertriebsunternehmen doch etwas überraschend. Dass es so einfach funktionieren kann, hatte sie sich nicht vorgestellt. „Wir haben gar nicht viel nachgedacht – einfach nur gemacht! Man braucht nur ein bisschen Schmuck, die Lust darauf und die Begeisterung. Mehr braucht es nicht!" Mit der gleichen Leichtigkeit geht sie das Thema Teamaufbau an. „Mir war gleich klar, dass ich Teamaufbau mache", sagt sie. „Aber auch das muss einfach laufen, meistens über die Gastgeberin." Dass Dominique der Gastgeberin diese Schlüsselposition beim Teamaufbau zuordnet, hängt sicherlich damit zusammen, dass ihre eigene Rolle als Gastgeberin schicksalsentscheidend für sie war. Die erfahrene Geschäftspartnerin hat zwei Anknüpfungspunkte: der Umsatz, der für den Wert des Gastgebergeschenks maßgeblich ist, und eine mögliche Veränderung in der beruflichen und finanziellen Situation. „Wenn Sie einen neuen Job suchen oder eine Veränderung im Leben, ein zweites Standbein oder in der Haushaltskasse 400 oder 500 Euro jeden Monat mehr gebrauchen können, dann schauen sie mir doch einfach zu." Einer dieser Punkte ist fast immer dabei und die Gastgeberin hat während der Präsentation Zeit zum Überlegen und vor allem sieht sie, wie einfach ihr Wunsch in Erfüllung gehen kann. Bei Dominique und Roland funktioniert dieser Ansatz. In ihrem Team sind 50 Leute, die Hälfte davon hat ein attraktives monatliches Zweiteinkommen, und ein Geschäftspartnerpaar hat es sogar bis in den STARCLUB geschafft.

Völlig neues Leben

Durch die Karriere bei ENERGETIX hat sich das Leben von Dominique und Roland Strauß komplett verändert – privat und beruflich. Sie haben beide eine unglaubliche persönliche Entwicklung durchlaufen: „Da führt eins zum anderen. Die Finanzsituation hat sich verbessert; die Leute sehen einen jetzt wieder ganz anders an. Wir werden anders angesprochen." Einen Beitrag zu diesem neuen Gefühl leistet sicher auch der Mercedes aus dem ENERGETIXDrive-Programm, auf den man die beiden oft anspricht und der, wie sie sagen „ein super Image" vermittelt. Und Dominique hat eine neue Leidenschaft entdeckt. Mit vollem Einsatz stellt sie sich vor ein Publikum neuer Geschäftspartner, um ihre Begeisterung von Schmuck und Job-Idee zu vermitteln und etwas dazu beizutragen, dass sich im Leben ihrer Schützlinge etwas ändert, so wie es bei ihr der Fall gewesen ist. Das Fernziel des erfolgreichen Paars ist übrigens eine eigene Strandbar an der Côte d'Azur, die dann zur Keimzelle eines Teams unter der Sonne des Mittelmeeres würde. Traumhaft!

Für alleinerziehende Mütter ist der Spagat zwischen Beruf und Kinderbetreuung oft besonders schwer. Wenn zusätzlich eine Neuorientierung des Lebens auf dem Plan steht, können sich die Probleme schnell verschärfen. Wer das Glück hat, seine berufliche Tätigkeit frei und flexibel zu gestalten, hat auf jeden Fall die besseren Karten.

Sandra Schöneweiß

Die Tochter ist der Hauptberuf

Viel Zeit für die Tochter: Sandra Schöneweiß schafft den Spagat zwischen Beruf und Kinderbetreuung.

Die Arbeit in der Apotheke gefiel der gelernten pharmazeutisch-technischen Assistentin Sandra Schöneweiß nicht mehr. Acht Stunden täglich immer im selben Raum! „Das Leben zog an mir vorbei", sagt Sandra. „Ich wollte da raus."

Die berufliche Alternative kam mit ENERGETIX. Eine Geschäftspartnerin sprach Sandra auf den Schmuck an. Zusammen mit ihrer Mutter besuchte sie eine Schmuckpräsentation. „Wir kaufen nichts, wir gucken nur", hatten sich die beiden fest vorgenommen. Es sollte anders kommen. Nicht nur, dass beide Frauen ihre Leidenschaft für den Schmuck entdeckten und natürlich doch etwas gekauft haben; nein, kurze Zeit später war Sandra bereits Gastgeberin einer Präsentation. Und als die Beraterin anschließend sagte: „Entweder machst du mit oder nicht, ganz wie du willst", war Sandra dabei, auch weil sie dann günstiger an den tollen Schmuck kommen konnte.

ENERGETIX ist anders

Zunächst ließ Sandra es ruhig anlaufen, verkaufte den Schmuck nur aus dem Katalog an Freunde und Bekannte. Nach der Geburt der Tochter war ohnehin an eine intensive berufliche Tätigkeit nicht zu denken. Nach und nach stieg Sandra nebenbei ins Geschäft ein, besuchte Trainings der Mentorin und machte die ersten Schritte im neuen Job. Dabei gab's eine große Überraschung: Sandra hatte vorher für ein anderes Direktvertriebsunternehmen gearbeitet. Die 20 % Provision, die hier erreicht werden konnten, ermöglichten kein nennenswertes Einkommen. Auch der Teamaufbau hatte ein Manko: Erst mit dem sechsten Mitglied griff die Team-Provision. Am gravierendsten aber war der Unterschied im Umgang der Menschen miteinander. Bei den Meetings der ersten Firma ging's nur um den Umsatz: mehr verkaufen, mehr Teammitglieder gewinnen. Bei ENERGETIX stand plötzlich der Mensch im Mittelpunkt. In einer Atmosphäre der Menschlichkeit wurde Wert auf Trainings gelegt, die Fähigkeiten und Kompetenz vermitteln und die die Entwicklung der Persönlichkeit berücksichtigen. Der berufliche Einsatz konnte sich an den persönlichen Umständen ausrichten, so dass Sandra Familie und Beruf in Einklang bringen konnte. Sandra kam zum Ergebnis: ENERGETIX ist deine Zukunft.

Der passende Job für jede Lebenslage

Die Zeit für Zukunftspläne war ideal. Nach einer Trennung, der Neuorientierung und Aufarbeitung bringt der neue Partner viele Ideen und Anregungen in Sandras Leben. Dass sie jetzt ausreichend Zeit für ihre Tochter hat, ist in dieser Phase genau das Richtige. Morgens kümmert sich Sandra um ihre Tochter und wenn abends eine Schmuckpräsentation auf dem Programm steht, ist die Oma zur Stelle. „Es klappt wunderbar", sagt Sandra. Die drei bis fünf Präsentationen pro Woche, die sie zwischendurch erreicht hatte, waren allerdings zu viel, wie Sandra schnell erkennt. „Ich war in ganz Deutschland unterwegs. Das war nicht gut fürs Kind." Heute ist Sandra bei ein bis drei Terminen pro Woche. Ca. 80 Menschen konnte Sandra zudem für die Job-Idee begeistern, von denen etwa die Hälfte den Schmuckverkauf als zweites Standbein sieht. „Viele Alleinerziehende sind dabei", sagt Sandra. „Die sehen bei mir, dass es funktioniert."

Bühnenmensch mit Anerkennung pur

Sandra verbucht auch auf der persönlichen Ebene Erfolge. Sie sei viel gelassener geworden, sagt sie. Die Trainings haben ihr unheimlich viel gebracht. Vor großem Pub-

„Kelly war super!" Sandra besuchte als Qualifizierte des Kelly-Wettbewerbs den Prominenten auf seinem Anwesen.

likum zu sprechen? Kein Problem mehr nach einem Training in Davos. Auch dass sie den Kelly-Wettbewerb gewonnen hat, erwähnt sie mit Stolz. „Kelly war super", sagt sie nach dem Besuch auf dem Anwesen des Prominenten. Dass sie als Trainerin ihr Zertifikat erhalten hat, empfindet sie als „Anerkennung pur". Sandras Leidenschaft sind die Schmuckpräsentationen. „Ich bin inzwischen ein richtiger Bühnenmensch. Neulich wurde ich sogar mit meinem Schmuck zu einer 30-Mann-Party eingeladen. Meine Präsentation war die Hauptattraktion an dem Abend." Sandra kennt die Aufstiegschancen bei ENERGETIX. Deshalb stehen die Ausweitung des Geschäfts und der weitere Ausbau des Teams auf dem Programm, sobald das Töchterchen mehr Zeit dazu lässt. „Das Einkommen kontinuierlich steigern und über den Teamaufbau etwas für die Rente hinzuverdienen, das sind meine konkreten Pläne." Bis dahin ist noch etwas Zeit und Sandra wird sicherlich noch vielen Menschen, die in einer ähnlichen Situation leben, den Weg zum „Job für jede Lebenslage" zeigen.

Dass auch alte Hasen im Direktvertrieb – aus welchen Gründen auch immer – in ein Loch fallen können, ist bekannt. Umso beruhigender, dass das System ENERGETIX diesen Umstand berücksichtigt. Man hat die Zeit, sich zu fangen, neu aufzustellen und neu zu starten. Von oben kommt kein Druck; der Antrieb muss aus dem Geschäftspartner selbst kommen.

Meike Burdorf

Raus aus dem Phlegma! Dem Optimismus wieder mehr Raum geben!

Sie hatte bei ENERGETIX Bingen einen fulminanten Start hingelegt: Am ersten Tag sofort drei Leute mitgebracht, nach drei Monaten 20 Mitglieder im Team und schon zu Beginn Umsätze im vierstelligen Bereich. Wow!

Das kam nicht von ungefähr. Meike Burdorf hatte bereits zehn Jahre im Schmuck-Direktvertrieb gearbeitet, nachdem sie zuvor zehn Jahre als Arztsekretärin in einer Klinik tätig war. Die kommunikationsfreudige Zahnarzthelferin verfügte also über Know-how und Kontakte, was für den Anfang natürlich sehr hilfreich ist. Es lief richtig gut. Und was besonders toll war: Meike hatte endlich die finanziellen Mittel, um ihr Leben neu in die Hand zu nehmen. Zusammen mit ihrer 15-jährigen Tochter und dem 21-jährigen Sohn startet sie in eine neue Existenz.

Die Wende zum Erfolg kam mit ENERGETIX

Viel gearbeitet hatte sie immer, aber mit überschaubarem Erfolg. Die 20 % Provision, die in ihrer ersten vollberuflichen Tätigkeit im Direktvertrieb zu erreichen waren, setzten von vornherein Grenzen. Gut, man konnte den Sprung auf die 27 %-Stufe schaffen, Voraussetzung war aber, dass man im Jahr 100.000 Euro Umsatz machte. Meike hat das immer wieder geschafft, denn sie war top. Bei 6.000 Geschäftspartnerinnen immer unter den besten 20 und zuletzt sogar auf Platz 13. Auch der Aufbau eines Teams war wenig attraktiv. Da hat Meike ihre Zeit lieber in das persönliche Umsatzvolumen investiert. Und Zeit für den Job musste sie viel aufbringen. Denn die Produkte waren erklärungsbedürftig. Bis zu fünf Stunden für eine Präsentation waren die Regel.

Die Wende kam mit dem Wechsel zu ENERGETIX. Eine Freundin und ehemalige Kollegin hatte sie auf den exklusiven Designschmuck mit Magneten aufmerksam gemacht und ihr den Schmuck gezeigt. Das war im Juli 2010. Ab da ging's, wie gesagt, in die Vollen.

Nach Rückzugsphase auf alte Stärken besinnen

Wohnen, Essen, Kleidung, Gäste, ihr Motorradhobby – ihr Lebensstil ist Meike Burdorf besonders wichtig und bringt Motivation von innen.

Aber das Leben als Single bringt besondere Herausforderungen mit sich. Der überstandene Scheidungskrieg hat an den Kräften gezehrt und die Organisation des Alltags musste jetzt ganz alleine gestemmt werden; und das fordert Zeit. Kurz: Meike hatte das Bedürfnis, sich beruflich zurückzuziehen. Zuerst war nichts Gravierendes zu beobachten, aber nach einem Dreivierteljahr reduzierter Aktivitäten gingen die Einnahmen deutlich runter. Dann passierte auch noch das Missgeschick mit dem Führerschein: Meike hatte ihren Mercedes aus dem ENERGETIXDrive-Programm gerade wenige Tage, war natürlich begeistert von dem neuen Fahrzeug und einfach zu schnell unterwegs. Acht Wochen war die Fahrerlaubnis weg.

Was zunächst wie eine Katastrophe erschien, entpuppte sich im Nachhinein als reiner Segen. Denn Meike hatte plötzlich Zeit zum Nachdenken. Und sie hat diese Zeit genutzt. Zunächst hat sie sich wieder bewusst gemacht, wie viele Dinge es in ihrem Leben gibt, auf die sie stolz sein kann. 13 Jahre hatte sie erfolgreich im Direktvertrieb gearbeitet, niemals irgendwelche Probleme gehabt, neue Termine zu machen, Produkte erfolgreich anzubieten, mit Kontinuität und Zielstrebigkeit zu arbeiten. „Jetzt geht's wieder los", sagte sie sich. „Du gehst raus aus dem Phlegma und gibst dem Optimismus wieder mehr Raum in deinen Gedanken, besinnst dich auf deine alten Stärken."

Der neue Erfolg fällt auf – die 5-Stufen-Theorie

Gesagt, getan. Von heute auf morgen war Meike wieder voll dabei. Nach zweieinhalb Jahren weist sie die stolze Bilanz von 40 Teammitgliedern auf. Dabei rekrutiert sie eher zurückhaltend, nicht strategisch-zielgerichtet, sondern intuitiv, wenn sich die Gelegenheit ergibt. Das kann eine Verkäuferin sein, von der sie bedient wird, oder der Mensch, der gerade neben ihr die Schuhe anprobiert. Ihr Erfolgsrezept liegt in ihrer großen Glaubwürdigkeit, die aus den Erfahrungen ihres Lebens resultiert: „Wenn Leute über einen Mangel klagen, kann ich was bieten", sagt sie. Wenn sie mit dieser Einstellung die Job-Idee vorstellt, gibt es kaum ein Argument dagegen.

Der Erfolg von Meike Burdorf war auch im Unternehmen aufgefallen, und deshalb hatte man sie gebeten, im Rahmen eines Wettbewerbsevents in Bingen ein kleines Training zu halten und ihre Erfahrungen weiterzugeben. Thema: Weiterbuchen. Wie stufe ich die Menschen ein, die bei mir in der Schmuckpräsentation sitzen und wie kann ich auf sie eingehen? Eigentlich ganz einfach, wenn man der 5-Typen-Theorie von Meike Burdorf folgt: Sie unterscheidet gesellige, emotionale, kaufmännische, geizige Typen. Und dann ist da noch der Preisfuchs. Allein der Ansatz, sich zu fragen, in welche Kategorie passt mein Gegenüber, hilft enorm, die richtigen Argumente zu finden, um die nächste Homepräsentation zu buchen. Das fanden jedenfalls ihre Zuhörer, die von Meikes Vortrag begeistert waren, inklusive der Geschäftsleitung. Aber auch für Meike war der Besuch in Bingen ein Gewinn: Sie war beeindruckt von der familiären Atmosphäre in einem, wie sie es nennt, Wohlfühlunternehmen – aus ihrem Mund ein großes Kompliment.

Gelungene Eigenmotivation durch greifbare Ziele

Meike hat noch viel vor, zumal sie aktuell einen Arbeitseinsatz von gefühlten 20 % fährt. Sie denkt an traumhafte Reisen, eventuell an ein Haus, besonders wichtig ist ihr aber ihr Lebensstil: Wohnen, Essen, Kleidung, Gäste, ihr Motorradhobby – das alles will sie sich leisten können; daraus resultiert ihre Eigenmotivation. Dass sie als äußerst kommunikativer Mensch gern ein wenig im Rampenlicht steht, kann dabei nur hilfreich sein. Man darf gespannt sein auf die 80 %, die noch nicht genutzt sind.

Trainingspart im Wohlfühlunternehmen: Meike Burdorf kommuniziert ihren „5-Typen-Ansatz zum Weiterbuchen".

Immer wieder finden Menschen, die von anderen Direktvertriebsunternehmen enttäuscht wurden, als Geschäftspartner von ENERGETIX eine neue berufliche Heimat. Zu Spaß und Freude an der Tätigkeit kommt ein attraktiver Vergütungsplan, der bei entsprechendem Einsatz jede gewünschte finanzielle Freiheit ermöglicht. Viele entdecken über den Job bei ENERGETIX bisher verborgene Stärken, die eine enorme Entwicklung der Persönlichkeit bewirken.

Dagmar Hüser

Die vorhandenen Stärken entdecken

Die Einzelhandelskauffrau hatte bereits in mehreren Filialleitungen gearbeitet, bevor sie als Mutter von zwei Kindern nach der Trennung von ihrem Mann in den Direktvertrieb einstieg. Es war eine einzige Enttäuschung: kaum etwas verdient, eine Arbeitsstimmung auf dem Nullpunkt und strengste Verhaltensregeln. Die gingen so weit, dass der kollegiale Austausch unter den Geschäftspartnern mit Abmahnungen geahndet wurde. Schnell wurde der gelernten Kauffrau klar, dass die zu geringe Handelsspanne kein Einkommen ermöglichte, von dem man hätte leben können. Das war auch gar nicht das Ziel der Unternehmensstrategie. Das bloße Einschreiben neuer Leute wurde honoriert. Dagmar war an ein Unternehmen geraten, das nahe am verbotenen Schneeballsystem agierte.

Nicht weiter verwunderlich: Dagmars XCO-Trainerin ist selbstverständlich Geschäftspartnerin von ENERGETIX.

Die etwas andere Atmosphäre

Als Dagmar Hüser mit ENERGETIX konfrontiert wurde, war sie also quasi ein gebranntes Kind, dem man viel erzählen konnte: vom Spaß bei der Arbeit, der super Stimmung und so weiter. Aber dann machte sie ihre eigene Erfahrung. Sofort nach dem Einschreiben erlebte sie die etwas andere Atmosphäre, die bei ENERGETIX herrscht. Schon die erste Schmuckpräsentation hat viel Spaß gemacht. Dagmar fand den Schmuck super, obwohl sie gar kein ausgesprochener Schmuckfan war. Und sie hat sofort gesehen, dass mit diesem Job Geld zu verdienen ist.

Es geht nicht ohne

Bei Dagmar jedenfalls führte der zweite Anlauf zur Karriere mit der Freiheit, die sie nicht mehr missen will. Nach dem morgendlichen Joggen sitzt sie ab 10 Uhr im Büro. Der Nachmittag ist den Präsentationen vorbehalten. Und rund um die Uhr ist sie fürs Team ansprechbar. Dagmar betreibt ihre Tätigkeit als Fulltime-Job. Mehr noch: ENERGETIX bestimmt den ganzen Tag: „Ich kann's nicht trennen", sagt sie. „Auch im Urlaub. Es geht nicht ohne. Ich kann und will es nicht abschalten. Gestern hab ich sogar im Schwimmbad einen Katalog gelassen." Die Familie hat sich inzwischen daran gewöhnt und ist kein bisschen überrascht, wenn Dagmar zum Beispiel im Restaurant das Gespräch mit dem Nachbartisch auf exklusiven Designschmuck mit Magnetkraft lenkt. Und wenn bei Hüsers das Meinungsforschungsinstitut anruft mit der Eingangsfrage, ob man vielleicht mal zehn Minuten Zeit hat, dann kann es sein, dass das Gespräch eine unerwartete Wendung nimmt und Dagmar die Gesprächsführung übernimmt. „Wenn ich merke, dass sie's gut rüberbringt, erzähle ich ihr vom

Just for fun und finanziert aus dem ENERGETIX Job: das BMW-Cabrio aus der Ziel-Collage zum Jahresauftakt.

Job und gebe meine Mailadresse an." Die Methode funktioniert tatsächlich. Neulich wollte eine Callcenteragentin Dagmar eine Website verkaufen. Resultat: Die Agentin ist inzwischen Geschäftspartnerin von ENERGETIX, und der Website-Gestalter verkauft jetzt Schmuck im Nebenjob. „Den hab ich ihr natürlich abgetreten", sagt Dagmar. „Logisch, dass sie davon profitiert. Dadurch ist sie sofort aktiv und motiviert."

Mehr Anleitung, weniger Druck

Es läuft gut bei Dagmar. Die Zahlen stimmen, obwohl sie nicht darauf angewiesen ist zu arbeiten, da ihr Mann ein ausreichendes Einkommen hat. „Just for fun" lautet ihre Devise. Schönes Beispiel für diese Einstellung ist ihr BMW-Cabrio, das Dagmar sich aus ihren Einkünften von ENERGETIX gegönnt hat. Aber selbst hierbei denkt sie ans Geschäft: „Der Kofferraum ist groß genug, um alles für die Präsentation mitzunehmen." Ein Bild mit dem schicken Cabrio hat sie übrigens zum Jahresauftakt auf eine Ziel-Collage geklebt. Das Jahr war noch nicht vorbei, da stand der Wagen in der Garage. Für Dagmar einmal mehr ein Beweis, wie wichtig das Formulieren von Zielen in Kombination mit einer strukturierten Planung für den Erfolg im Direktvertrieb ist. Aber es geht Dagmar nicht nur um die Finanzen. Nicht weniger glücklich ist sie über die Entwicklung, die sie in ihrer Persönlichkeit durch den Job mit dem Design-

Immer wieder gern: Dagmar Hüser im ENERGETIX Shirt beim Halbmarathon in Mainz.

schmuck gemacht hat. „Das Glas ist für mich jetzt immer halb voll", beschreibt sie ihr positives Denken. „Mein Selbstbewusstsein ist total verändert. Ich weiß, dass ich mit meiner positiven Ausstrahlung alles erreichen kann. Das ist eine Stärke, die ich jetzt erlebe, die immer schon in mir schlummerte, die ich aber erst durch den Job entdeckt habe." Dagmar ist dankbar für ihr neues Selbstbewusstsein, das sie auch als Trainerin erfolgreich sein lässt. „Man traut sich, man entwickelt sich weiter und bekommt viel an Eigenmotivation, die für den Job nun mal nötig ist." Dagmars Devise als Trainerin ist, mehr anzuleiten und weniger Druck auszuüben. „Ich will ja auch meine Freiheit für mich, für die Familie und für meine Hobbys."

Mit ihren Hobbys hält sich Dagmar fit. Fürs Training zum Mainz-Halbmarathon geht sie dreimal in der Woche auf die Joggingstrecke; dann steht Zumba auf dem Programm und ein XCO-Kurs. Was jetzt keinen mehr wundert: Die XCO-Trainerin ist selbstverständlich Geschäftspartnerin von ENERGETIX. Dagmar hat noch viel vor im Job, den sie eines Tages gern an ihre 13-jährige Tochter weitergeben möchte, die schon kräftig assistiert. Man darf also gespannt sein, welche Motive demnächst auf ihrer Ziel-Collage auftauchen.

Wie man seinen Beruf als freier, selbstständiger Geschäftspartner von ENER-GETIX ausübt, hängt von der eigenen Persönlichkeit ab und von der gesamten Lebenssituation. Das Unternehmen stellt den Rahmen zur Verfügung, der ganz individuell ausgefüllt werden kann. Zwei Eigenschaften begünstigen die langfristig erfolgreiche Karriere: Disziplin und Menschenliebe.

Christine Moussu

Job mit Herz

Christine Moussu ist auf dem Bauernhof ihrer Eltern in der Bretagne am Rande eines kleinen Dorfes aufgewachsen. Dass sie jemals einen kaufmännischen Beruf ausüben, geschweige denn als selbstständige Geschäftspartnerin eines internationalen Unternehmens tätig sein würde, ist ihr damals nicht in den Sinn gekommen. Aber ihr war immer klar, dass ihr Beruf etwas mit der Nähe zu den Menschen zu tun haben muss. Deshalb wurde sie Pflegekraft und hat alte Menschen in einem Hospital betreut. Zu Beginn war sie mit vollem Enthusiasmus dabei. Doch je mehr die Ren-

Das Gespräch über den Garten – wichtiges Thema einer Schmuckpräsentation von Christine Moussu.

tabilität im Laufe von 15 Jahren Pflegetätigkeit in den Vordergrund rückte, desto unmenschlicher kamen ihr die Bedingungen in der Altenbetreuung und -pflege vor – ein Zustand, der sich mit ihrem Bedürfnis nach Menschenliebe nicht länger vereinbaren ließ.

Das richtige Produkt zur richtigen Zeit

Christine suchte nach einer Alternative, die näher dran war an ihren Idealen, und fand sie im Direktvertrieb. Mit ätherischen Ölen, Produkten zur Nahrungsergänzung und zur Küchenausstattung, für die sie wegen ihrer Kochleidenschaft prädestiniert war, konnte sie den Menschen wieder helfen. Christine war erfolgreich, aber wenn es ihr langweilig wurde, wechselte sie die Branche. Zehn Jahre Nahrungsergänzung und 15 Jahre Küchenprodukte waren genug, und Christine sah sich wieder nach einem Produkt um, das ihr besser gefiel und zu ihren Idealen passte. So wurde sie 2012 auf den exklusiven Designschmuck mit den integrierten Magneten von ENERGETIX aufmerksam: „Plötzlich trat dieser Schmuck in mein Leben. Ich war fasziniert, denn das war genau das Produkt, nach dem der Markt verlangt hat. Ich habe gespürt, das die Menschen genau nach diesem Schmuck suchen: das richtige Produkt zur richtigen Zeit!"

Den Menschen Zeit schenken

Ein wesentlicher Grund für ihren außergewöhnlichen Erfolg dürfte ein kostbares Geschenk sein: Christine schenkt ihren Kunden Zeit. „Selbst auf dem Land ist der Stress heute allgegenwärtig. Die Menschen hetzen durch den Supermarkt, haben kaum noch Gelegenheit, ein paar Worte miteinander zu reden, der nächste Termin ist schon überfällig. Hinzu kommt, dass in ländlichen Strukturen das Warenangebot begrenzt ist. Wenn die Leute jedoch bei einer Schmuckpräsentation sind, treffen sie Freunde und Bekannte und lernen gleichzeitig ein neues Produkt kennen. Für zwei bis drei Stunden vergessen sie die Sorgen des Alltags und fühlen sich einfach nur wohl. Sie wollen wiederkommen und freuen sich schon auf die nächste Präsentation." Bei den Treffen wird über den Garten geredet, über dies und das und natürlich auch über den Schmuck. „Dabei sehe ich mich nicht als Verkäuferin, sondern eher als Beraterin, die zuhört und die Leute reden lässt." Wann immer es die Entfernung erlaubt, liefert Christine den bestellten Schmuck selbst aus. „Dadurch habe ich zusätzliche persönliche Kontakte, bekomme die neusten Informationen, die ich mir notiere und bei nächster Gelegenheit nachverfolge."

Die Job-Struktur mit dem Herzen füllen

Mit der gleichen Gelassenheit und Leichtigkeit gewinnt Christine die Menschen, die sich für den Job interessieren. Bei den Schmuckpräsentationen stellt sie in den ersten fünf Minuten das Unternehmen vor und sagt, dass sie neue Leute sucht. „Aber heute sind wir ja wegen des Schmucks hier. Falls jemand am Job interessiert ist, lassen Sie uns in den nächsten Tagen telefonieren." Erfolgreich sind auch ihre Bitten um Weiterempfehlung: „Wenn Sie jemanden kennen, der Arbeit sucht, sagen Sie es mir. Ich nehme ihn zu einer Präsentation mit und falls es etwas wird, bedanke ich mich für die Empfehlung mit einem Schmuckstück aus der aktuellen Kollektion." 20 Mitglieder in ihrem Team sind hauptberuflich als Geschäftspartner von ENERGETIX tätig, über 40 haben durch den Job ein lukratives zweites Standbein. „Ich erkläre die Struktur, zeige die Grundzüge des Geschäfts auf und ich sage, dass der Betreffende jetzt seine eigene Methode finden muss, indem er die Struktur mit dem Herzen füllt." Die erfahrene Direktvertrieblerin weiß, dass viele Menschen den Job wechseln, weil sie den Stress im bis-

Die Bretagne – herrliche Landschaft zum Entspannen und ideale Arbeitsbedingungen für Christine Moussu.

Leidenschaftliche Köchin – auf dem Speiseplan steht heute bretonischer Aprikosenkuchen.

herigen Beruf nicht länger ertragen wollen. „Die Freiheit, die wir genießen, ist fantastisch, aber für manche auch schwierig. Die muss man an die Hand nehmen und ihnen klar machen, dass der Erfolg sich nur mit entsprechender Disziplin einstellt. Es ist wie in der Liebe: Wenn man frisch verliebt ist, läuft es von alleine. Aber wenn die Beziehung länger dauern soll, muss man etwas dafür tun. Man muss zuhören, den anderen verstehen. Und man muss diskutieren, wenn es nötig ist. Dann kann es funktionieren."

Bei Christine Moussu funktioniert es. Sie gehört zu den erfolgreichsten Geschäftspartnern des Unternehmens. Ihre bretonische Heimat liefert ihr ideale Arbeitsbedingungen im ländlichen Umfeld und eine herrliche Landschaft fürs Nordic Walking. Weitere Kraftquellen sind für sie das Reiki und ihre Küche, denn Kochen ist immer noch ihre große Leidenschaft. „Ich bin glücklich", sagt Christine „und werde meinen Beruf so lange wie möglich ausüben. Meine größte Freude ist es, die Leute erfolgreich zu sehen."

DIE ALTERNATIVE FÜR SELBSTSTÄNDIGE

Manchmal lässt sich ein Betrieb einfach nicht halten. Oder die Kapazität reicht nicht mehr für zwei. Was tun, wenn man das Leben in Selbstständigkeit nicht gegen ein Verhältnis der Abhängigkeit und Unterordnung tauschen will oder kann? Was tun, wenn die Gesundheit nicht mehr mitmacht und die körperlichen Anstrengen des Berufs zu groß werden? Der Wechsel zu ENERGETIX erfolgt jedoch nicht zwangsläufig aus einer Notlage heraus. Erfolg haben zu können ohne Umsatz- und Kostendruck, ohne Personalprobleme und bürokratischen Ballast macht die Tätigkeit des freien Geschäftspartners von ENERGETIX für viele Selbstständige äußerst attraktiv.

Berufswechsel aus erfolgreicher Unternehmer-Laufbahn. Friseurmeister mit drei Filialen wechselt in den Direktvertrieb von Designschmuck. Ausschlaggebend war die erlebte positive Energie bei einer Unternehmensveranstaltung. Dass man auch ohne Umsatz- und Kostendruck als Unternehmer erfolgreich sein kann, war die zweite Überraschung.

Andreas Räwel

Super drauf: Wenn er von ENERGETIX redet, glänzen seine Augen

Das gleich vorweg: Andreas Räwel hat den Job nicht gewechselt, weil es nicht so gut lief oder weil er mit seinem Beruf unzufrieden war. Im Gegenteil: Der Friseurberuf war sein Baby, war es immer gewesen. Drei Salons liefen unter seinem Namen. 19 Jahre Meisterbetrieb — eine stolze Leistung.

Und das soll's jetzt gewesen sein?

Das Unbehagen kam eher schleichend. Nach zwei Jahrzehnten im Beruf stellte sich Andreas Räwel mehr und mehr die Frage, die die meisten erst gegen Ende des Berufslebens überfällt: Und das soll's jetzt gewesen sein? Die Trends in der Haargestal-

Doppelspitze: Andreas Räwel und Andreas Kasulke, Geschäftspartner von ENERGETIX.

tung ändern sich von Zeit zu Zeit, selten erobert eine neue Technik den Markt. Aber im Grunde waren die Aufgaben in den letzten 20 Jahren immer die gleichen. Und so würde es auch bleiben. Da muss doch noch was kommen, dachte sich Andreas. Was, das wusste er noch nicht. Er war offen für alles, aber es musste auf jeden Fall etwas sein, das ihn anzieht.

Und dann saß da eines Tages diese Kundin im Stuhl. Sie trug ein Schmuckaccessoire am Pulli und ein Armband – ein willkommenes Thema für Andreas, um sich und der Kundin mit leichter Konversation nach Art des Metiers die Zeit zu verkürzen. Die Kundin erzählte vom ENERGETIX Schmuck, von ihrer Begeisterung, sodass Andreas neugierig wurde. Abends setzte er sich an den Computer, um zu googeln, und hat sofort festgestellt: Diese Kollektion ist wunderschön, passt genau zu meinen Kunden und damit in die Salons. Also hat Andreas Kontakt zur Firma aufgenommen. Ihm wurde ein Ansprechpartner vermittelt, mit dem er sich schon wenige Tage später getroffen hat. Tolles Gespräch, nach dem für Andreas feststand: Ok, ich stelle eine Vitrine mit Schmuck in den Salon, aber sonst passiert erst einmal nichts. Trainings, Events usw. lassen wir mal außen vor. Andreas war zu diesem Zeitpunkt noch zu fest im alten Beruf, was nach 19 Jahren auch nicht verwunderlich ist.

Noch nie so viel positive Energie erlebt

Die Wende kam mit Willingen. Der Mentor war hartnäckig und Andreas ließ sich überreden, an der Veranstaltung zum Jahresauftakt von ENERGETIX teilzunehmen. Und hier hat's klick gemacht. Noch nie zuvor hatte Andreas so viel positive Energie bei so vielen Menschen erlebt. Alle waren sie super drauf – die ganze Zeit. Und alles war echt, nicht gespielt oder gekünstelt. Andreas hat spontan entschieden: Ich steige ein. Der Mentor war natürlich begeistert: Siehst du, hab' ich doch gleich gesagt. Und gemeinsam fassten die beiden einen Entschluss: In Willingen war gerade der neue Wettbewerb vorgestellt worden. Wer sich für die erste Kategorie qualifiziert, der kann an einer Trainingsreise nach Indien teilnehmen. Machen wir, sagten die beiden, denn dass man sich Ziele setzen soll, um im Direktvertrieb erfolgreich zu sein, das hatten sie kurz zuvor beim Auftakt-Event frisch verinnerlicht. Das Ergebnis ist im Fall von Andreas schon spektakulär: Er ist geflogen. Daran, dass es der Mentor – ein alter Hase – bei diesem Wettbewerb nicht geschafft hat, kann man sehen, mit welchem Drive Andreas in seinen neuen Job gestartet ist. In nur vier Monaten – solange läuft die Qualifikationszeit eines Wettbewerbes bei ENERGETIX – hat Andreas elf neue Leute eingeschrieben. Er war komplett motiviert. Zugute kam ihm, dass er immer schon ein guter Berater war.

Inzwischen mit Doppelspitze

Kurz danach machte Andreas eine weitere interessante Erfahrung. Er hatte sich bei nächster Gelegenheit zum Trainer ausbilden lassen. Trainings sind für die anderen da? Weit gefehlt. Jedes Training ist für Andreas neue Motivation nach dem Motto „Geben und bekommen". Wie Andreas Räwel geht es inzwischen auch seinem Geschäftspartner Andreas Kasulke. Die beiden teilen sich die Arbeit. Andreas Räwel macht die gesamte Organisation und erledigt das Einschreiben, während Andreas Nr. 2 auf Schmuckpräsentationen und Messen aktiv ist. Arbeitsmäßig bewegen sich die beiden in einer ausgesprochenen Komfortzone, sehen aber die Notwendigkeit, da raus zu kommen. „Da ist noch viel Luft nach oben. Da geht noch was", sagen sie. Ihr Team zählt inzwischen 70 Leute, von denen zwölf gutes Geld auf der Basis des zweiten Standbeins machen. Bei der Job-Idee geht Andreas Räwel seinen eigenen Weg. Er legt Wert darauf, dass der Neue vom Schmuck begeistert ist. „Ich leiste mir den Luxus, mir die Leute zunächst anzusehen. Es muss zu erkennen sein, dass jemand voll tätig sein will." Andreas schreibt lieber einen Neuen pro Monat auf 40 % ein als drei, die mit weniger einsteigen wollen. Oft kristallisiert sich bei den Trainings heraus, wer es wirklich ernst meint. Der allerdings erfährt dann die volle Unterstützung.

Komplett anderer Mensch geworden

Wenn man Andreas heute auf seine neue Arbeitssituation anspricht, bekommt er glänzende Augen. Das zumindest sagen seine Freunde von ihm. Da sei zunächst einmal die Art und Weise, wie das Unternehmen mit den Menschen umgeht. „Alle sind, wie sie sind. Ich will sie nicht verändern. Und ich will ebenfalls nicht verändert werden", sagt er. Aber sich selbst hat Andreas dramatisch verändert. Diese Veränderung lässt sich sogar in Zahlen ausdrücken: 37 kg, um exakt zu sein. „Party, Fressen, Saufen war gestern", sagt Andreas sehr salopp. Heute lautet der Dreiklang: gesund, sportlich, aktiv! Andreas hat sich zu einem komplett anderen Menschen entwickelt, ohne Zwang, ohne Druck, allein durch die Vorbilder anderer Geschäftspartner, die ihn sehr beeindruckt ha-

Bekommt glänzende Augen, wenn er von ENERGETIX redet: Andreas Räwel.

ben. In der Tat, Andreas ist ruhiger geworden, aber seine Lebensqualität hat einen Riesensprung gemacht. Er ist unabhängiger geworden. Wenn er an seinen früheren Beruf zurückdenkt, dann merkt er, welcher Druck jetzt von seinen Schultern gewichen ist, Druck, den er vorher so gar nicht wahrgenommen hat, weil er ihn nicht wahrhaben wollte. „Als Friseur hast du jedes Jahr vier Monate Flaute: Januar, Februar, dann ein Monat im Sommer und der November. Und jetzt: keine Mieten, keine Berufsgenossenschaft und keine Lohnnebenkosten. Du kannst ein absolut konstantes Geschäft betreiben und hast absolut keine Kosten am Bein." Einmal gab es bei Andreas aus privaten Gründen einen Stillstand. Der zog sich hin über drei Monate. „Das Tolle an dem Geschäft: Du nimmst alle deine Adressen, die du hast, und sofort kann's wieder losgehen."

Komplett anderer Mensch: Andreas Räwel beim Mainz-Marathon im ENERGETIX Shirt

Andreas hat der Ehrgeiz gepackt; er will es wissen. Er will in den STARCLUB von ENERGETIX und sein Geschäftspartner, Andreas 2, der zurzeit noch als Industriemeister tätig ist, soll ebenfalls vollberuflich einsteigen. „In einem Jahr sollte das zu schaffen sein", meint Andreas 1. Andreas 2 weiß noch nichts davon. Wenn die beiden in dem Tempo weitermachen, wie sie beim ENERGETIX Lauf beim Marathon in Mainz dabei sind, dürfte die Zeitplanung aufgehen.

Handwerk hat goldenen Boden. Aber wenn der mal wegbricht, bietet der Direktvertrieb eine lohnende Alternative. Dabei ist der Verdienst nicht alles. Auch die Entwicklung der Persönlichkeit kann neue Wege nehmen. Wenn dann noch auffällt, dass die Arbeit bedeutend angenehmer geworden ist und weniger auf die Knochen geht, scheint die getroffene Wahl richtig gewesen zu sein.

Ralf und Sabine Schmülling

Chance gesehen und ergriffen: vom Meisterbetrieb zum Direktvertrieb

Haben Sie bitte einen Katalog? – Mercedes mit ENERGETIX Branding hilft, neue Kunden zu finden.

Mit mehr Plan und gerader Linie kann man das Leben kaum angehen. Für Ralf Schmülling war es immer klar, eines Tages die väterliche Schreinerei im Münsterland weiterzuführen. Also hat er nach Lehre und Gesellenjahren die Meisterprüfung gemacht, und der Wechsel der Generationen hätte wie vorgesehen in einigen Jahren stattfinden können. Wäre da nicht der Steuerberater gewesen, der die Entwicklung des Betriebes verfolgt hat und zu einem harten Urteil gekommen war: Für zwei Familien reicht es nicht. Sein Rat an Ralf: „Melde dich arbeitslos!"

Mann der ersten Stunde – mit Begeisterung von Anfang an

Gestern noch Juniorchef, heute im Kurs des Arbeitsamtes für Meister, Techniker und Ingenieure, um den Weg in eine neue Selbstständigkeit zu finden. Kein leichter Schritt, aber Ralf hat ihn getan, und er sollte seinem Leben eine vollkommen neue Richtung geben. Obwohl die Lösung vom Arbeitsamt in dieser Form so nicht vorgesehen war. Motivationstrainer war Ulrich Lang, der kurz zuvor als selbstständiger Geschäftspartner bei ENERGETIX eingestiegen war. „Hast du Lust, mit mir einen Vertrieb aufzubauen? Ein Freund hat sich gerade mit einem Direktvertriebsunternehmen selbstständig gemacht." Direktvertrieb war für Ralf ein Fremdwort, aber er sah die Chance, sich wieder selbstständig zu machen und sagte zu.

Aus heutiger Sicht ist dieser Start höchst interessant. Ralf war ein Mann der ersten Stunde; das System ENERGETIX befand sich in seinem Entstehungsprozess; Improvisation war angesagt. Es gab kaum Unterlagen, die Einladung zur ersten Homepräsentation war mehr eine Pioniertat. Freunde, Bekannte und Verwandte wurden kontaktiert und eingeladen und die erste Party konnte starten: mit fünf Schmuckstücken! „Aber die Begeisterung war von Anfang an enorm", sagt Ralf.

Aus kleinsten Anfängen zum internationalen Unternehmen

Das greifbare Ziel der Schmüllings: Blick aus der Wohnung über die Altstadt von Münster.

Wenn Ralf heute die Entwicklung des Unternehmens betrachtet, fällt ihm nur ein Wort ein: „Wahnsinn! Wir haben in der ersten Zeit unseren Kataloglaunch noch selbst gemacht, mit zusammengehefteten Blättern. Und was wir jetzt in Berlin erlebt haben, war einfach gigantisch: Allein die Promi-Präsenz, die Kameraübertragung auf Saal-Leinwände, die Wettbewerbe mit ihren einmaligen Reisezielen und so weiter. Aus kleinsten Anfängen ist ein absolut professionelles, internationales Unternehmen geworden."

Ralf hat mit dieser Entwicklung Schritt gehalten – immer an seiner Seite: seine Frau Sabine. Vorbei die Zeiten der improvisierten Einladungen – heute werden Schmüllings eingeladen und zwar so häufig, dass sie nicht alle Gelegenheiten wahrnehmen können. Den Weihnachtsmarkt in Münster – ein Umsatz-Juwel unter den Märkten – mussten sie aus Zeitgründen absagen. Wenn allerdings Warendorf zum Reitturnier ruft, sind sie dabei. Bei solchen Veranstaltungen ergeben sich auch immer wieder neue Kontakte, wie neulich, als eine Anbieterin von Reitaccessoires vom exklusiven Designschmuck so begeistert war, dass sie ihn spontan in ihr Programm aufgenommen hat.

Schmüllings sind mit Messen, Märkten, Schmuckpräsentationen und Trainings komplett ausgelastet; ein Fulltime-Job, den die beiden mit Begeisterung ausüben. Je selbstständiger die Kinder geworden sind, desto mehr hat sich Sabine in die gemeinsame Arbeit eingebracht. Locker gehen lassen kann man es dabei nicht. Das funktioniert nicht und strahlt sofort ins Team.

Heute kommt die Anerkennung aus dem Beruf

Ralf und Sabine Schmülling in ihrem Element: Schmuckstand auf dem Reitturnier in Warendorf.

Beim Vergleich mit seiner früheren Tätigkeit fällt Ralfs Urteil eindeutig aus: „Vorher war ich 20 Jahre auf kalten Baustellen, weil ich die Fenster erst noch einbauen musste. Jetzt sitze ich bei meiner Arbeit im Warmen, gut gekleidet, und ich habe es immer mit netten Leuten zu tun." Aber der Handwerksmeister sieht noch mehr Unterschiede: „Ich muss keine Angebote mehr ausarbeiten, nicht mehr bis auf den letzten Cent kalkulieren, wie früher. Und dann war doch oft noch einer da, der noch günstiger war, und der Auftrag war weg." Das Geld kommt jetzt sofort bei der Schmuckpräsentation oder auf der Messe. Provisionen sind seit zehn Jahren immer pünktlich auf dem Konto. Früher war eine Wartezeit bis zu zwei Monaten normal. In dieser Zeit musste vorfinanziert werden: Material und Löhne. Und nicht zu unterschätzen: Ralfs Probleme mit dem Rücken sind weg. Der Schmuckkoffer ist leichter als schwere Bauelemente. Hinzu kommt die Entwicklung der Persönlichkeit. Ralf sagt, dass er früher „typisch Mann" gewesen sei: „Rauchen, Bier trinken, Gespräche auf Stammtischniveau. All das habe ich heute nicht mehr nötig." Heute kommen Anerkennung und – damit verbunden – echtes Selbstwertgefühl aus dem Beruf. „Es macht riesig Spaß und ich kann mit meiner Frau zusammenarbeiten. Wir sehen uns immer."

Nicht ohne meinen Steuerberater

Und es läuft richtig gut. Ralf und Sabine Schmülling arbeiten weiter daran, ein stabiles Team aufzubauen. Eines Tages wollen sie sich eine Wohnung in Münster gönnen mit Blick auf die Altstadt – ein Ziel, das heute schon in greifbare Nähe gerückt ist. Einmal jedoch mussten die beiden noch Lehrgeld zahlen: „Die Steuererklärung mache ich doch selbst", sagte sich Ralf nach 20 Jahren Erfahrung im sicherlich komplizierteren Handwerksbetrieb. Dann aber kam eines Tages die Betriebsprüfung und „da sind wir auf die Nase gefallen." Ralf ist sich sicher, dass es nur der fehlende Stempel eines Steuerberaters war, „weshalb die ganz genau hingesehen haben. Für die Finanzprüfer war das ein gefundenes Fressen!" Resultat: Vier Jahre wurden nicht anerkannt; Schmüllings mussten nach der Sicherheitsschätzung nachzahlen. Heute rät Ralf jedem Neueinsteiger: „Kümmere dich um einen Steuerberater – sofort, von Anfang an!" Bei den Schmüllings geht jedenfalls keine Steuererklärung mehr ohne Stempel ans Finanzamt. Ausdruck ihres Erfolges ist nicht zuletzt ein schicker Mercedes mit dem ENERGETIX Logo. „Wir sind schon mal regelrecht verfolgt worden, ob wir nicht bitte einen Katalog dabei hätten!" Viele Gespräche haben sich durch das Fahrzeug schon ergeben, über den Schmuck, aber auch über die Karriere bei ENERGETIX, für die Schmüllings ein herausragendes Beispiel abgeben.

Schmuckverkauf aus dem Kosmetiksalon. Nach Jahrzehnten der Selbstständigkeit in unterschiedlichen Formen endlich die ideale unternehmerische Tätigkeit gefunden – mit individuellem Gestaltungsspielraum. Hinzu kommen Entwicklung der Persönlichkeit und Aufbau der Rente.

Andrea Weinschenk

Endlich angekommen: Selbstständigkeit nach ganz individuellem Zuschnitt

Eigeninitiative, Ideen, Durchhaltevermögen, die Fähigkeit, andere Menschen mit Herzblut zu motivieren – Andrea Weinschenk besitzt all diese Eigenschaften und hat damit das Zeug zur Unternehmerin. Seit 25 Jahren ist die gelernte Drogistin und Kosmetikerin selbstständig. Ihren ersten Kosmetiksalon hat sie als junge Frau mit 20

Jahren erworben, damals noch mit der Finanzspritze der Eltern. Das zweite Studio kam hinzu. „Ich war damals zu unerfahren, zu blauäugig, um das zu schaffen", sagt Andrea heute. „Die Angestellten sind mir mitunter auf der Nase rumgetanzt."

Franchise: volles Risiko, kaum Rechte, null Freizeit

Nach zwölf Jahren hatte Andrea die Lust verloren und beide Studios wieder abgegeben. Eine Zusatzausbildung zur Fachberaterin im Reformwarenbereich erlaubte es ihr, ein Franchisegeschäft zu übernehmen. Und wieder fühlte sie sich als Unternehmerin herausgefordert. Das Konzept war super, die Lage stimmte, also stimmten auch die Umsätze. Doch dann merkte Andrea schnell, dass ihr Arbeitstag plötzlich 14 – 15 Stunden hatte; auch am Sonntag, denn dann wartete die Buchhaltung auf sie. Das Personal verschlang natürlich die üblichen Kosten. Und der Ausgleich der Warendiebstähle im Laden erfolgte allein zu Andreas Lasten. Aber das Schlimms-

Sprudelnde Ideen: Andrea Weinschenk präsentiert ENERGETIX Design-
schmuck auf der Maserati-Haube.

te war die Franchise-Betreuerin mit ihrer permanenten Kontrolle. Andrea fühlte sich unter ihrem Kommando wie ein Lehrling. Risiko einer Unternehmerin, Rechte und Pflichten wie eine Angestellte und null Freizeit. Das war nicht das freie Unternehmertum, von dem Andrea Weinschenk einst geträumt hatte.

Andrea zog sich zurück und erledigte für ein Jahr ausschließlich die Buchhaltung in der Firma ihres Mannes. Schreibtischarbeit, ohne jeden Kundenkontakt. Nichts für Andrea, jedenfalls nicht auf Dauer. Eine kleine Kosmetik- und Wellnesspraxis war die Lösung, ohne große Investition, ohne Personal, einfach ein Raum in der eigenen Wohnung. Andrea war wieder am Start.

Mit Schmuck den Praxisumsatz verdoppelt

In dieser Zeit bummelte sie im Nachbarort über ein Weinfest und kam an einem Stand mit ENERGETIX Schmuck vorbei. Andrea war damals nicht der große Schmuckfan; der Stand interessierte sie nicht sonderlich. Aber sie wurde angesprochen: „Darf ich Sie fragen, was Sie beruflich machen?" Die Frage kam so plötzlich und zugleich so freundlich rüber, dass Andrea bereitwillig Auskunft gab. „Ja, da sind wir ja Kolleginnen", sagte die liebenswürdige Dame, „da könnten wir uns doch eigentlich mal treffen." Andrea dachte weniger an den Schmuck, sondern an den Austausch unter Kosmetikerinnen und sagte zu.

Nach dem dritten Telefonat war's dann so weit: Andrea hatte gerade zur Neueröffnung eingeladen und die Kosmetik-Kollegin war mit einem kleinen Schmuckstand dabei. Der Schmuck kam bei den Kundinnen super an. „Bei einer Kosmetikbehandlung achten sie auf jeden Euro", sagt Andrea, „aber den Schmuck haben sie gekauft, ohne mit der Wimper zu zucken!" Ihr Mann gab ihr den Rat, es ebenfalls mit dem Magnetschmuck zu versuchen. „Ok", sagte Andrea, „ich versuch's. Aber ich bin Kosmetikerin und keine Schmuckverkäuferin." Also lief der Schmuckverkauf nebenbei im kleinen Studio. Aber schon nach kurzer Zeit stellte Andrea mit Erstaunen fest: Durch den Schmuck hatte sich der Praxisumsatz verdoppelt. Schon nach zwei Jahren war Andrea bereits in erster Linie Schmuckverkäuferin und die Kosmetik lief nebenbei; heute ist Andrea hauptberuflich als freie Geschäftspartnerin von ENERGETIX tätig.

Unternehmen nach individuellem Naturell

Die kleine jährliche Pause: Andrea Weinschenk und ihr Mann im Maserati-Oldtimer bei der Mille Miglia.

Und endlich hat sie die Arbeitsbedingungen gefunden, von der sie als Unternehmerin immer geträumt hat. Keiner redet ihr rein. Sie teilt sich den Tag so ein, wie sie es möchte. Sie schläft morgens etwas länger – mit gutem Gewissen, da sie ja auch abends länger im Beruf unterwegs ist. Kein Personal, das ihr auf der Nase rumtanzt, sondern nette Kollegen, die den Erfahrungsaustausch suchen. Sie arbeitet exakt so viel, wie sie es möchte: morgens zwei bis drei Stunden im Büro, ein bis zwei Homepräsentationen die Woche, und monatlich hält sie zwei Trainings. Auf den kleinen Märkten ist sie besonders gern aktiv. Das entspricht ihrem Naturell. Vielleicht kommt es nicht von ungefähr, dass der erste Kontakt zu ENERGETIX auf einem solchen Fest stattgefunden hat. Interessant ist auch die schwerpunktmäßige Zusammensetzung ihres Teams: viele Friseursalons, Kosmetikstudios, Saunen und Wellnessstudios sind darunter. In diesem Bereich fühlt sich Andrea wohl, dann ist sie überzeugend. „Ich brauche eine wirkliche Beziehung zu der Person, die ich anspreche. Erst wenn diese Beziehung da ist, die auch der andere spürt, rede ich übers Geschäft."

Mit ENERGETIX hat Andrea die Freiheit, sich die entsprechenden Gesprächspartner auszusuchen. Ca. 20 Personen im Jahr verhilft sie auf diese Weise zu einem neuen Job. Sie tut alles, um den Neuen eine ausreichende Starthilfe zu geben. Das Team, das sie aufbaut, soll so aktiv sein wie sie selbst. „Der Zug, den ich ins Rollen bringe, soll von alleine laufen", sagt Andrea. Sie denkt dabei auch an ihre eigene Zukunft. Obwohl Andrea seit Jahrzehnten selbstständige Unternehmerin ist — oder vielleicht gerade deshalb? — hat sie bisher nicht genug für die eigene Altersvorsorge getan. „Ich hab's mit der Rente etwas schleifen lassen", sagt sie. Das will sie jetzt ändern. Der Erfolg mit ENERGETIX, bis hin zum STARCLUB und ENERGETIXDrive-Fahrzeug, macht es möglich.

Flirten mit den Kunden

Andrea hat mit ENERGETIX die maßgeschneiderte Form der Selbstständigkeit gefunden. Zudem hat sie durch Trainings eine Entwicklung ihrer Persönlichkeit erfahren, wie sie sie schon immer gewünscht hatte. Sie konnte nicht so gut aus sich herausgehen, blieb lieber im Hintergrund. Sogar das Telefonieren war nicht einfach. Heute geht Andrea offen und mit Selbstbewusstsein auf Leute zu und stellt sich dabei nicht die ängstliche Frage, was der andere wohl von ihr denken mag. Und das Telefonieren hat sich zu einem regelrechten Flirten mit dem Kunden entwickelt, das richtig Spaß macht. Da Andreas Ideen weiter so sprudeln dürften wie bisher, wird auch ihrem Ziel, permanentes Mitglied im STARCLUB zu werden, nichts entgegenstehen. So nutzt sie die Teilnahme an Oldtimertreffen – ein Hobby, das sie mit ihrem Mann teilt – für spektakuläre Schmuckpräsentationen auf der Maserati-Haube. „Wenn die Männer die Zylinder zählen, wird's den Frauen schnell langweilig", sagt Andrea. „Dann ist das Interesse am Schmuck besonders groß." Einmal im Jahr gönnen sich die beiden ein kleines Aus vom gemeinsamen Schmuck-Engagement. Dann fahren sie mit ihrem Oldtimer Maserati mit ENERGETIX Schriftzug zur Mille Miglia nach Italien – hinter dem offiziellen Feld. Aber die Strecke und das Flair werden dadurch nicht weniger schön.

ENERGETIX ALS STEIGERUNG DER KARRIERE

Der berufliche Erfolg bei ENERGETIX ist ohne jede Vorkenntnis möglich. Beraterhandbuch und Training on the Job durch den Mentor ermöglichen einen leichten Einstieg mit Geldverdienen vom ersten Tag an. Und die ENERGETIX Erfolgsakademie führt Schritt für Schritt auf die gewünschten Stufen der Karriereleiter. Wer berufliche Qualifikation mitbringt, wer in Führungspositionen tätig war und mit hohen Ansprüchen an sich selbst die weitere Entwicklung vorantreiben will, der findet im System ENERGETIX jede Entfaltungsmöglichkeit – bis hin zu exponentiellen Erfolgen, die als Beitrag zur Volkswirtschaft spürbar sind.

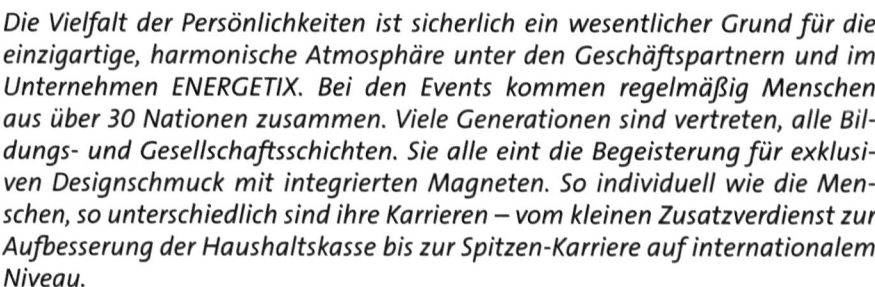

Die Vielfalt der Persönlichkeiten ist sicherlich ein wesentlicher Grund für die einzigartige, harmonische Atmosphäre unter den Geschäftspartnern und im Unternehmen ENERGETIX. Bei den Events kommen regelmäßig Menschen aus über 30 Nationen zusammen. Viele Generationen sind vertreten, alle Bildungs- und Gesellschaftsschichten. Sie alle eint die Begeisterung für exklusiven Designschmuck mit integrierten Magneten. So individuell wie die Menschen, so unterschiedlich sind ihre Karrieren – vom kleinen Zusatzverdienst zur Aufbesserung der Haushaltskasse bis zur Spitzen-Karriere auf internationalem Niveau.

Renée Piguet

Karriere einer Kosmopolitin

Renée Piguet hatte das Privileg, in einer holländischen Diplomatenfamilie aufzuwachsen. Schon als Kind lernte sie auf vielen Reisen die Welt kennen, lebte in den Niederlanden und in Schweden, bevor sich die Familie in der Schweiz niederließ. Hier besuchte Renée die renommierte Hotelfachschule in Lausanne. Die damit verbundenen Praktika absolvierte sie in Südafrika, wo sie mehrere Jahre lebte und das sie heute als ihre zweite Heimat bezeichnet.

Führungspositionen von Anfang an

Unmittelbar nach dem Diplom wurde Renée in der Eröffnungsphase eines Fünf-Sterne-Restaurants die komplexe Aufgabe der Restaurant-Managerin übertragen. Ihre zweite berufliche Station war die Direktion von drei Pariser Delikatessgeschäften, bevor sie Distriktmanagerin Suisse Romande von Avis wurde mit 45 Angestellten. Die Gattin eines Immobilienmaklers und Mutter zweier Söhne stand nie vor der Entscheidung Beruf oder Familie. Sie schaffte es stets durch perfekte Organisation und mit Unterstützung ihres Mannes, beide Aufgaben zu erfüllen. „Wenn man gut plant, kann man Familie und Karriere ohne Probleme zusammen bewältigen", sagt Renée Piguet, die zwischenzeitlich zusätzlich noch eine Boutique betrieben hatte. „Ich dachte, ich hätte nun wirklich jede freie Minute meiner Zeit verplant, bis ich ENERGETIX kennenlernte. Ich war vom Schmuck und der Job-Idee so begeistert, dass ich unbedingt noch Zeit in meinem vollgestopften Kalender zwischen Familie, Job und Freizeit finden musste, um hier einzusteigen."

„Mit ENERGETIX steht dir die Welt offen!" – Renée Piguet schätzt Freiheit, Unabhängigkeit und den grenzenlosen Horizont.

Wirtschaftliches Kalkül und die Entscheidung für Freiheit und Flexibilität

Anfangs übte Renée Piguet die Jobs in der Autofirma und als Wellnessschmuck-Beraterin parallel aus, letzteren als eine Art „Freizeitbeschäftigung". Zwei Gründe veranlassten die Managerin, ihre Zeit ab 2006 ausschließlich dem exklusiven Designschmuck zu widmen: „Die Situation für die Entwicklung des Direktvertriebs erschien mir ausgesprochen günstig. Hinzu kam, dass die autonome, unabhängige Tätigkeit sehr meinem Charakter entgegenkam und meinem Wunsch entsprach, Zeit, Erfolg und vor allem meine Familie zu organisieren." Denn die Familie hat für Renée Piguet oberste Priorität. Dennoch bringt sie für den Job immer ausreichend Zeit auf: „Die besonderen Strukturen bei ENERGETIX bieten mir die Freiheit, die Flexibilität, mich effizient zu organisieren. Ich jongliere zwischen Gewinnung neuer Geschäftspartner, Trainings, die ich gebe, Schmuckverkauf und meinen zahlreichen Geschäftsreisen. Trotzdem bleibt mir ausreichend Zeit für die Familie", so Renée Piguet, „auch für die Betreuung meiner Mutter, um die ich mich im Moment besonders intensiv kümmern muss."

Traumhaftes Chalet in den Schweizer Bergen – idealer Ort zum Relaxen und Arbeiten.

Professionalität mit Sympathie

Das Bemühen, Job und Familie unter einen Hut zu bekommen, dürfte wesentlichen Anteil an der Kreation einer der sympathischsten Maßnahmen zur Teambildung sein, die je entwickelt wurden: der Spaghetti-Party, die, wie man sich denken kann, auch bei den Söhnen großen Anklang fand. „Spaß und Arbeit miteinander zu verbinden ist ungeheuer wichtig", sagt Renée. „Bei meinen Spaghetti-Partys sitzen wir alle bei mir in der Küche, genießen Pasta und italienische Lebensfreude und ma-

Teambildungsmaßnahme mit höchstem Sympathiewert: Spaghetti-Party bei Renée Piguet.

chen uns nebenbei fit für den Job. Wer denkt, dass wir nur essen, der irrt. Wir tauschen uns aus, berichten von Verkaufsideen und neuen Trends, haben jede Menge Tipps und Ideen. Und wir stärken den Teamgedanken", so Renée Piguet. Auch wenn die Söhne heute seltener mit am Tisch sitzen – die Spaghetti-Party ist geblieben und inzwischen sogar für das ENERGETIX Trainingsprogramm gefilmt worden – im traumhaften Chalet der Familie, mitten in den Schweizer Bergen. „Hier kann man relaxen und es sich gut gehen lassen", so Renée „und es gibt sicher kaum einen anderen Ort, an dem es sich so gut arbeiten lässt."

International, fünfsprachig, grenzenlos

Der Erfolg, den Renée mit ihrer Time-Management-Strategie erzielt, ist außerordentlich. Über 1.000 Mitglieder zählen ihre Teams, von denen mehrere Hundert in über 20 Ländern aktiv sind und immer wieder von ihrer Mentorin und Trainerin vor Ort betreut und unterstützt werden. Dass die Kosmopolitin fünf Sprachen fließend beherrscht, kommt ihren internationalen Aktivitäten natürlich sehr entgegen. „Was ich am meisten schätze, ist die Weite des Horizonts: Die ganze Welt steht dir offen mit all ihren Möglichkeiten, grenzenlos. Der Erfolg ist für mich jedoch eine Frage permanenter Arbeit, des Willens, der Ausdauer, der Initiative zum ständigen Kontakt. Man muss wissen, dass der Job nicht für jedermann gemacht ist. Für mich bedeutet er Unabhängigkeit, Freiheit, Arbeit von zu Hause aus ohne große Investition und ein Produkt, mit dem ich mich hundertprozentig identifizieren kann. Gleiches gilt für die Firma." Besonders schätzt Renée Piguet das breite Spektrum der Zielgruppe, die sie für den Job begeistern kann: „Die Aktivität hat den Vorteil, zu allen Schichten der Bevölkerung zu passen – vom jungen Unternehmer, der am Anfang seiner Karriere steht, bis zum Rentner, der den Kontakt zur aktiven Welt halten will und dabei ein kleines Zusatzeinkommen sucht."

Renée Piguet ist eine Vollblut-Unternehmerin, die ihre Chance wahrgenommen hat, indem sie auf die Zusammenarbeit mit einem soliden Unternehmen gesetzt hat: „Ich weiß, dass mir diese Arbeit sicher ist. Wer kann das heute schon von sich behaupten? Ich weiß, auch wenn es auf dem Arbeitsmarkt mal schlecht aussieht, bin ich abgesichert. Und das ist mir wichtig."

So vielfältig, wie Beruf und Karriere bei ENERGETIX gestaltet werden können, so unterschiedlich sind die Ausgangspositionen der Geschäftspartner zu Beginn ihrer Tätigkeit. Der Direktvertrieb funktioniert nach einfachen Regeln, nach denen jeder bei entsprechendem Einsatz erfolgreich werden kann. Aber auch wer mit fundiertem Ausbildungsstand und großer Qualifikation startet, findet hoch interessante Betätigungsmöglichkeiten – und einen tollen Job.

Anke Hesse-Michaelis

Direktvertrieb auf hohem Niveau

Die praktische Seite der Tätigkeit als Ingenieurin in technischer Informatik hat sich Anke Hesse-Michaelis ein Jahr lang in einem Unternehmen in Amerika angesehen. Ihr Hauptinteresse galt der Entwicklung von Software zur Geräteprogrammierung. Nach dem Diplom war sie vier Jahre in Frankreich in einer Niederlassung der amerikanischen Firma tätig. Es folgte ein Studium der Betriebswirtschaft. Anschließend arbeitete Anke Hesse-Michaelis in Paris im internationalen Projektmanagement eines Automobilkonzerns und eines großen Telefonanbieters und – nach einer einjährigen Rucksack-Weltreise mit ihrem Mann – in Grenoble in einem Informatikunternehmen. Eine internationale Traumkarriere auf hoher Ebene im Zeitalter globaler Märkte!

Das Skiparadies quasi vor der Haustür: Anke Hesse-Michaelis mit ihrer Familie in den Alpen bei Grenoble.

Familie und Beruf unter einem Hut

Dann kamen die drei Kinder und Anke widmete sich mehr und mehr den Aufgaben in der Familie. Doch ein Leben ohne einen internationalen, vielsprachigen Austausch war für die Powerfrau nicht das geeignete Geschäftsmodell, und deshalb suchte sie nach einer Beschäftigung, mit der sie familiäre und berufliche Ambitionen unter einen Hut bringen konnte. Eine Kleinanzeige in der französischen Fachzeitschrift *Arrondir ses fins de mois* war Ankes erste Berührung mit dem Direktvertrieb. Der Name der Zeitschrift ist programmatisch: Damit die letzten Tage des Monats finanziell etwas leichter fallen – unter dieser Zielsetzung richtet sich das Blatt an seine Leser, die ein zweites Standbein suchen. Nun war der finanzielle Engpass nicht Ankes Motivation, aber es sollte sich trotzdem eine intensive und dauerhafte Zusammenarbeit aus der Anzeige ergeben, die schließlich zu einer außergewöhnlichen Karriere führte. Ihre Mentorin, Josette Desassis, die die Anzeige geschaltet hatte, reagierte sofort, schickte Starterkit und Schmuckrolle, und Anke legte los. Neben ersten Schmuckpräsentationen waren vor allem private Veranstaltungen in Tennis- und Reitclubs, im Kurhotel und in Firmen Ankes Betätigungsfelder. Aber aus ihrer heutigen Sicht liefen die Aktivitäten eher zögerlich an, was verständlich erscheint, da sich Anke intensiv um die noch kleinen Kinder kümmerte.

Mitte 2009, nach vier Jahren Nebenerwerb, entschied sie sich für die Fulltime-Tätigkeit mit ENERGETIX und kündigte endgültig ihren Job als Projektleiterin. Diese Entscheidung fiel ihr nicht leicht, denn sie gab finanzielle Sicherheit und soziale Vorteile auf. Aber letztlich hat die Freiheit, wie sie die Tätigkeit bei ENERGETIX bietet, keinen Preis! Ihre Mentorin achtete gemeinsam mit ihr jeden Monat darauf, ob die gesteckten Ziele auch erreicht wurden, und vor allem übermittelte sie ihr gesammeltes Wissen über die Arbeit im Direktvertrieb. Immer wieder selbst dazulernen und eine gute Zusammenarbeit mit seinem Mentor, das ist die erfolgreiche Devise, auch wenn man vorher schon eine andere Karriere hatte!

Online-Trainingsprogramm für Frankreich entwickelt

Der Durchbruch setzte 2011 ein, als Anke durch ENERGETIX auf die Möglichkeit von Online-Trainings aufmerksam gemacht wurde. „Das ist ideal für ein Land wie Frankreich, da man so die großen Distanzen überbrücken kann", erkannte sie sofort und startete mit Hilfe der IT-Abteilung in Bingen, die die benötigte Software zur Verfügung stellte, ihre ersten eigenen Online-Trainings. Diese basierten auf den in Frankreich eingesetzten Tages-Trainings. Ihre Mentorin Josette Desassis unterstützte sie dabei, griff die Idee auf und entwickelte zusammen mit Anke ein Online-Trainingsprogramm, das speziell auf den französischen Markt zugeschnitten ist. „Früher wollte ich immer Lehrerin in der Erwachsenenbildung werden", sagt Anke. „Mit dem

Online-Training kann ich mir diesen Wunsch heute erfüllen und Wissen und Informationen weitergeben." Viermal pro Woche ist Anke jetzt mit lerneifrigen Partnern ihres Teams per Computer verbunden und vermittelt Basis- und Businesswissen. Ungefähr einmal im Monat ist sie als Trainerin bei neuen Geschäftspartnern vor Ort, um im Tages-Seminar das Rüstzeug für den neuen Job zu vermitteln.

Projektmanagement mit individueller Förderung

Mit Einsetzen des Online-Trainings hat die Karriere von Anke Hesse-Michaelis einen regelrechten Sprung gemacht. „Ich wende an, was ich in den großen Konzernen gemacht habe", sagt Anke. „Projektmanagement, heute in Form individueller Förderung. Ich frage mich zu Beginn eines neuen Jahres: Wo will ich am 31. Dezember stehen? Dann entwickle ich die konkrete Strategie, indem ich plane, wie die Geschäftspartner von mir entsprechend geschult und gefördert werden." Anke hält sich in ihrem Geschäftsplan an professionelle Regeln in der Investitionsphase: „Wie andere Unternehmer Geld investieren, investiere ich Zeit und Geld in unsere Partner."

Arbeiten mit hohem Anspruch – ohne Stress

Einen erheblichen Unterschied zu ihren früheren Tätigkeiten stellt die Managerin jedoch klar heraus: „Ich arbeite heute auf dem Niveau meiner bisherigen Jobs, mit hohem Anspruch, jedoch vollkommen ohne Stress und mit absoluter Entscheidungsfreiheit. Das ist enorm wichtig für die Familie. Ich habe die Freiheit zu entscheiden, was ich am Tag mache und in welchem Umfang." Ihre Ziele bestimmt die Projektmanagerin heute selbst. „Früher kam die Zielsetzung von oben – mit enormem Verantwortungsdruck. Der ist jetzt weg. In den Konzernen war ich als Projektleiterin oft in der Zwickmühle zwischen den Interessen meiner Firma, denen der Mitarbeiter und denen der Kunden. Dadurch musste ich teilweise den Leuten Dinge sagen, mit denen ich nicht einverstanden war. Das entspricht so gar nicht meiner Einstellung. Nur der Erfolg des Projektes zählte. Heute lautet die Frage: ‚Was wollen die Partner?' und nicht: ‚Was

Erreicht viele Geschäftspartner: Anke Hesse-Michaelis beim Online-Training, das sie speziell für Frankreich entwickelt hat.

will der Chef?' Heute kann ich jedem Partner dabei helfen, das zu erreichen, was er möchte. Ein tolles Gefühl!"

Unterstützen beim Durchhänger

Zur betreuenden Begleitung ihrer Partner gehört immer auch der rechtzeitige Hinweis auf mögliche Rückschläge: „Es kann immer mal der Punkt kommen, wo es nicht so gut läuft", sagt Anke. „Der Durchhänger kann jeden treffen. Deshalb biete ich jedem Einzelnen in meinem Team an: Wenn es runter gehen sollte, denk an mich! Ruf mich sofort an, wenn du das merkst! Wir finden gemeinsam eine Lösung." Ankes Erfahrungen in diesem Punkt sind sehr ermutigend: „Bei denen, die auch in der Krise weitermachen, läuft's anschließend umso besser. Auch bei mir gab es Höhen und Tiefen!"

Beruflich und privat angekommen in Frankreich: Teamplayerin Anke Hesse-Michaelis ist begeisterte Chorsängerin.

Die deutsche Diplom-Ingenieurin und Diplom-Betriebswirtin hat sich in Frankreich mit ENERGETIX beruflich etabliert. Mit dem Online-Training hat sie ein Tool entwickelt, mit dem sie vielen Geschäftspartnern den Start in die eigene Karriere ebnen kann. Und auch privat ist sie im Nachbarland angekommen. Ihren Ausgleich findet die Teamplayerin im Chorgesang und natürlich in ihrer Familie. Der Wohnort ist bei Grenoble; das Skiparadies, das die Familie bei jeder Gelegenheit nutzt, liegt quasi vor der Haustür. Eines ihrer privaten Ziele ist, Teilstücke der Weltreise, die sie mit ihrem Mann unternommen hatte, mit der ganzen Familie zu wiederholen – mit dem Rucksack natürlich.

Ulrich Lang ist Geschäftspartner der ersten Stunde von ENERGETIX Bingen, über den man ein ganzes Buch schreiben könnte. Das erste Kapitel würde von Visionen handeln – von den eigenen, die sich von Zeit zu Zeit erneuern, modifizieren. Und von Visionen, die er in den Köpfen anderer Menschen entstehen lässt. Das zweite Kapitel würde das Vorbild schildern. Wie ein Leuchtturm gibt er Orientierung und Sicherheit, hilft, den eigenen Standort zu bestimmen. Und er zeigt die Richtung an, das Ziel, wo's hingehen soll.

Ulrich Lang

Leuchtturm mit kraftvollen Visionen

Seine erste Vision hatte Ulrich Lang im Alter von 16 Jahren: Bürgermeister werden. Er hatte gerade eine Verwaltungslehre begonnen und ihm war schnell klar, dass er an der Spitze stehen wollte. Doch nach einem Studium zum Diplom-Verwaltungswirt ging's zunächst nach Weimar an die Thüringer Verwaltungsschule. Hier dozierte Ulrich Lang unter anderem zum Thema „Psychologie in der Verwaltung". Psychologie bezeichnet er heute als „die Leidenschaft meines Lebens".

Ein Jahr später führt ihn der Zufall in die Gemeinde Haina (Kloster) in Hessen. Die Direktwahl des Bürgermeisters steht an. Ulrich Lang lässt sich als parteiloser Bewerber aufstellen und gewinnt sofort das Vertrauen der Bürger. Mit 30 Jahren ist er einer der jüngsten Bürgermeister seiner Zeit; der Jugendtraum hatte sich erfüllt. Sechs Jahre dient er der Gemeinde und lässt sich parallel zum Persönlichkeitstrainer ausbilden. Nach der Amtszeit macht er sich als Trainer selbstständig.

Das sollte wohl alles so sein

Zwei weitere Zufälle sollten dem Leben Ulrich Langs die entscheidende Wende geben; Zufälle, die besser nicht hätten zusammenpassen können: Ulrich besuchte seinen Jugendfreund Roland Förster in der neu gegründeten Firma ENERGETIX. Der Besuch endet damit, dass Ulrich mit einigen Schmuckstücken aus der ersten Kollektion das Haus verlässt. Als er wenige Tage später auf einer Geschäftsreise den Abend in einer Hotelbar ausklingen lässt, entwickelt sich eines jener Gespräche unter Hotelgästen. Man redet auch über den Schmuck – kein Verkaufsgespräch, nur eine Unterhaltung an der Oberfläche. Aber Ulrich macht seinen ersten Umsatz: 300 Euro aus dem Stand. So einfach ist das? Sollte dieses Erlebnis in der Hotelbar ein Zeichen gewesen sein?

Und zufällig arbeitet Ulrich Lang in dieser Zeit als Trainer auch mit ehemaligen Unternehmern, die mit Hilfe des Arbeitsamtes den Weg zurück in die Selbstständigkeit suchen. Mit einigen stimmt die Chemie auf Anhieb. Ulrike Lemmel und Jochen Stolz lassen sich spontan von Ulrichs Begeisterung anstecken: „Wir machen das jetzt einfach!" Der Abend, an dem Ulrich die Job-Idee vorstellte, ging fröhlich zu Ende – mit drei gemeinsam ausgefüllten Berater-Anträgen, den ersten drei Anträgen in der Geschichte seines ENERGETIX Unternehmens.

Der Erfolg: exponentiell. Ein Beitrag zur Volkswirtschaft

Es hat alles gepasst; die Entwicklung der Karriere von Ulrich Lang verlief traumhaft. Die Umsätze des Teams erreichen heute zweistellige Millionenbeträge, ebenso die Verkaufsgewinne, Provisionen und Boni in der Addition des gesamten Teams. Tausende Menschen leben davon. Ulrich Lang hat sie in stabile, sichere Arbeitsplätze geführt; ein Beitrag zur Volkswirtschaft. Wie viel sonst noch durch seine Tätigkeit bewirkt wird, sieht man an einem Beispiel am Rande: Wenn Ulrich Lang und sein Team zum Training einladen, verzeichnet das Austragungshotel schnell einen Umsatz von 12.000 Euro.

Aber der wirtschaftliche Aspekt ist nur die eine Seite der Medaille. Die andere, nicht weniger beeindruckende Seite zeigt die Menschen. Ulrich Lang hat sie zu Unternehmer-Persönlichkeiten gemacht und damit vielleicht die wichtigste Entwicklung in ihr Leben getragen. Für viele war das Zusammentreffen mit dem Coach die alles entscheidende Begegnung. Er hat ihnen Selbstvertrauen gegeben, hat ihnen Ängste genommen, zum Beispiel die Angst, vor Menschen zu reden. Er hat Blockaden in ihren Köpfen abgebaut und ihnen stattdessen Visionen geschenkt. Durch ihn haben sie Sicherheit gewonnen. Und das Wichtigste: Ulrich Lang hat einen ganz großen Beitrag dazu geleistet, diese Menschen freier zu machen: finanziell, aber vor allem freier in ihrem Dasein – eine Leistung, die man als unbezahlbar bezeichnen darf. Man kann ihn verstehen, wenn er sagt: „Meine Welt ist Coaching."

„Meine Welt ist das Coaching." Ulrich Lang bei seiner Lieblingstätigkeit als Trainer.

Macht das Sinn?

„Auch aus mir selbst ist eine andere Persönlichkeit geworden", sagt Ulrich Lang, wenn er auf zwölf Jahre ENERGETIX zurückblickt. „Das Geschäft ist wie ein Schleifstein. Durch die Leistung des Teams wirst du in eine positive Richtung geschliffen. Alles, was dort passiert, siehst du wie in einem Spiegel. Es hat mich geprägt, das Team durch Coachings in die richtigen Gleise zu bringen." Der außergewöhnliche Erfolg erfordert in seinen Augen ein großes Maß an Demut und Reflektion. „Die meisten im Team teilen diese Einstellung. Auf dem Weg des Erfolges braucht man hin und wieder ein neues Warum. Welcher Sinn steckt dahinter? Die Sinnfrage ist die zentrale Frage in meinem Leben. Ich mache nur das, was tatsächlich auch Sinn macht."

Der Erfolg hat Ulrich Lang in eines der schönsten Länder der Erde geführt. Er lebt seit einigen Jahren in der Schweiz. „Ich darf dort in einer der schönsten Gegenden leben", sagt der ENERGETIX Geschäftspartner der ersten Stunde, der sich als sehr weltoffen versteht und sich auch in vielen anderen Ländern zu Hause fühlen würde.

Er wird gebraucht

Beruhigend für alle, die ihrem Idol nacheifern: Auch in der Traumkarriere von Ulrich Lang hat es einen Moment des Innehaltens gegeben: „Vor zwei Jahren hatte ich keine Kraft mehr. Nicht das Geschäft stand mehr an erster Stelle, sondern Ulrich." Der Top-Geschäftspartner musste sich um sich selbst kümmern. Er hat offen mit dem engen Team darüber gesprochen, eine Zeit lang nicht der Motor sein zu können. Das Team hat es sportlich genommen, die eigene Initiative gesteigert und selbst mehr Verantwortung übernommen. Aber Ulrich hat auch gesehen, dass er sich nicht einfach zurückziehen kann. Er wird gebraucht: vom Team, für die Entwicklung der Umsätze und für den menschlichen Rat. Er hat auch realisiert, wie nötig er selbst das Team hat und die Arbeit, die damit verbunden ist: „Die Freude im Leben kommt mit der Aufgabe und mit dem Gefühl, dass man gebraucht wird, dass man dienen darf. Das bringt das Glücksgefühl."

Man darf gespannt sein

Und Ulrich ist zurück. Der jahrelange Vertriebsaufbau bedarf in seinen Augen auch einmal der Vogelperspektive, um das Erreichte wahrzunehmen und als Fundament zu sehen, um Neues zu kreieren. „Für mich ist ENERGETIX keine Organisation, sondern ein Organismus, eine Gemeinschaft von individuellen Persönlichkeiten. Es gibt unterschiedliche Phasen. Man selbst, die Geschäftspartner und die Firma sind keine Roboter. Man braucht diese Rückzugsphasen, um sich neu auszurichten."

In der Rückzugsphase hat Ulrich gelernt, dass Freiheit nur durch Selbstdisziplin entstehen kann. Der Anspruch an sich selbst: „Das Potenzial, das in uns steckt, muss ausgeschöpft werden. Jetzt kommt die nächste Runde. Ich gebe wieder Gas." Ein Eckpfeiler der Tätigkeit wird Rekrutierung und Basisarbeit sein, denn: „Du musst in diesem Geschäft vorleben, nur so erreichst du die erforderliche Dynamik." Auch in der zweiten Halbzeit verfolgt Ulrich Lang seinen Wahlspruch: Gemeinsam an die Spitze. Ein großes Ziel eines großen Visionärs.

Ulrich Lang lebt heute in der Schweiz und ist dankbar dafür, sich in einer der schönsten Gegenden aufhalten zu dürfen.

MIT ENERGETIX IN EIN ANDERES LAND

Es gibt viele Gründe, den Lebensraum in ein anderes Land zu verlegen: Die Auswanderer werden getrieben von der Begeisterung für einen anderen Kulturkreis, vom Wunsch, in der Fremde einen Neustart zu wagen, dem Partner zu folgen, dem im Ausland eine neue berufliche Chance geboten wird, oder – auch sehr nachvollziehbar – die Annehmlichkeiten des Urlaubs das ganze Jahr über genießen zu wollen. Die Frage ist nur in all diesen Fällen: Wie bestreite ich fern der Heimat meinen Lebensunterhalt? ENERGETIX Geschäftspartner zeigen immer wieder, dass das Geschäft mit dem exklusiven Designschmuck problemlos ins neue Land mitgenommen oder dort aufgebaut werden kann. Das Konzept funktioniert weltweit – übrigens auch dann, wenn man sich entschließt, nach vielen Auslandsjahren wieder in die Heimat zurückzukehren.

Der exklusive Designschmuck von ENERGETIX hat immer und überall Konjunktur. Bei gefüllter Haushaltskasse fällt das Geldausgeben bei der Schmuckpräsentation sicher leichter. Aber auch in Krisenzeiten lenkt ein schönes Schmuckstück vom Alltag ab, zumal bei erschwinglichem Preis. Und für die Job-Idee sind die Menschen dann besonders empfänglich – wie aktuell in vielen Ländern Europas, unter anderem in Finnland.

Merja Ferahyan

Starke Frauen im hohen Norden

Merja Ferahyan ist in Finnland geboren, im Land der tausend Seen. Hier hat sie zunächst Köchin gelernt, um dann zehn Jahre in ihrer Heimat und in Deutschland in der Gastronomie zu arbeiten. Sogar ein kleines Café, das Café Méditerranée, hatte sie eine Zeit lang mit ihrem damaligen Mann in Süddeutschland betrieben. Mit ihrer zweiten, kaufmännischen Ausbildung spezialisierte sie sich auf internationales Marketing. Viele Jahre war sie als bilinguale Fachkraft in Exportabteilungen in Finnland und in Deutschland gefragt. Dass sie dann auch noch als selbstständige Repräsentantin für namhafte Firmen Promotion-Aufgaben übernommen hat, sollte sich als besonders glückliche Fügung erweisen. Denn Merja bezeichnet diese Mischung der unterschiedlichen Jobs als ideale Vorbereitung auf ihre aktuelle Tätigkeit: selbstständige Geschäftspartnerin von ENERGETIX, die in ihrem Heimatland die Ansprechpartnerin und Kontaktperson der finnischen Partner ist.

Angeln am Lieblingssee: Merja und ihre Söhne nutzen hierfür jede Gelegenheit.

Job mit Freiraum

Seit zwei Jahren lebt Merja wieder in Finnland. Das Land galt lange Zeit als Musterschüler Europas, doch jetzt haben die Menschen auch hier mit einer schwächelnden Wirtschaft zu tun – mit entsprechenden Auswirkungen auf den Arbeitsmarkt. „Viele Familien müssen hier ihre Häuser noch abbezahlen, die sie in besseren Zeiten gebaut haben", sagt Merja. „Da in Finnland 90 % der Frauen berufstätig sind, sind auch viele Frauen betroffen, die jetzt einen neuen Job suchen." Merja bezeichnet ihre „Landsfrauen" als sehr selbstbewusst. „Bei einer Scheidungsrate von 50 % leben viele Frauen allein oder in Patchworkfamilien und suchen einen Job mit entsprechendem Freiraum, in dem sie die Kindererziehung und den Beruf vereinbaren können." Als alleinerziehende Mutter von zwei Söhnen im Alter von 13 und 15 Jahren kann Merja aktuell ein hervorragendes Beispiel dafür geben, dass die Tätigkeit der selbstständigen Geschäftspartnerin von ENERGETIX perfekt auch in diese Situation passt. Denn Merja schafft es, ein dreigleisiges Job-Modell zu fahren. Morgens steht sie als Ansprechpartnerin aller finnischen Geschäftspartner zur Verfügung und nimmt dadurch dem Customer Support in Bingen viel Arbeit ab. Danach sind Schmuckverkauf und Teamaufbau ihre Themen. Weil sie sich als selbstständige Geschäftspartnerin ihre Zeit frei einteilen kann, bleibt ausreichend Freiraum für die Söhne.

Vertrauen durch echtes Interesse

Zwei weitere Charakteristika des Unternehmens und des Jobs begünstigen Merjas Arbeit in Finnland: Menschlichkeit und Vertrauen. In dem dünnbesiedelten Land spielen diese beiden Kriterien noch mal eine ganz besondere Rolle. „Der nächste Nachbar wohnt oft weit weg. Deshalb gelten hier andere Regeln. Die Menschen wollen dir vertrauen können; nur dann erreichst du sie. Du sprichst mit ihnen nicht nur über den Schmuck. Die Lebenssituation, Gesundheit, Enkel – all das sind Themen, über die man nur bei echtem Interesse mit den Leuten reden kann." Merja kann das – mit Kunden und Geschäftspartnern im eigenen Team, in dem inzwischen über 50 Mitglieder arbeiten. „Es ergeben sich echte Freundschaften", sagt sie, wenngleich sie

Merja liebt ihr Land: Im Winter geht's auf die Skipiste.

als erfahrener Profi weiß, dass sie sich noch in der Anfangsphase befindet: „Wie bei jedem anderen Unternehmen brauchst du zwei bis drei Jahre für den Aufbau, wenn du ein richtiges Geschäft daraus machen willst", wozu Merja fest entschlossen ist. „Ich sehe, dass es läuft, wenn man etwas dafür tut." Deshalb wird sie mit Disziplin weitermachen und sich durch nichts beeinflussen lassen, wie zum Beispiel durch Fahrstrecken, die in Finnland etwas weiter sind als in anderen Ländern. „Von Schmuckpräsentationen komme ich manchmal erst spät in der Nacht nach Hause, aber die Unabhängigkeit und die Selbstständigkeit sind es mir wert. In der Zukunft Sicherheit zu haben, ist für mich eine sehr starke Motivation."

Angekommen

Merja wird es schaffen, denn sie liebt ihr Land – wegen der Menschen und wegen der einzigartigen Landschaft, die die Freizeitgestaltung in einer fantastischen Natur sehr attraktiv macht. Im Sommer wird gejoggt und im Winter geht's auf die Skipiste. Bei jeder sich bietenden Gelegenheit laden Merja und ihre Söhne die Koffer ins

Auto, um zum Angeln zu ihrem Lieblingssee bei Oma und Opa zu fahren. Dort gibt es auf dem Hof dann gerne auch mal ein Rennen mit dem Kleinmotorrad. Wenn der ältere Sohn mit seiner Profifußball-Mannschaft KuPS ein Turnier hat, sind die drei ebenfalls gemeinsam in Finnland unterwegs. Das Trio ist angekommen. Die Grundlage für das Leben im hohen Norden schafft der Job mit ENERGETIX – mit Perspektiven für die Zukunft.

Freizeitgestaltung in fantastischer Natur: Joggen in der Mittsommernacht.

Direkt, spontan, aktiv. Auch wenn man in ein fremdes Land geht und bei Null anfängt, greift das System ENERGETIX. Von der Startphase in die Erfolgsphase kommen – ohne Bekannte, Verwandte und Freunde. Eigeninitiative, starker Wille, Begeisterungsfähigkeit und Durchhaltevermögen sind gefragt. Dieses Konzept funktioniert überall.

Elke Thiel

Elke allein in Österreich – und trotzdem erfolgreich

Elke Thiel ist eine Power-Frau. Was sie macht, macht sie ganz. Und sie macht es sofort, spontan und energiegeladen. Frontfrau trifft auch auf sie zu. Sie bringt die Portion an Extrovertiertheit mit, die im Direktvertrieb von Vorteil sein kann. Auch von ihrer Ausbildung profitiert sie heute noch: Büroassistentin. Viele Jahre hat sie als Sekretärin in den unterschiedlichsten Unternehmen gearbeitet und viele verschiedene Jobs kennengelernt. Die Erfahrungen, die sie dort gesammelt hat, haben ihr sehr beim Aufbau und Betrieb ihrer eigenen Firma, der e.t. products GmbH, geholfen. Mit

Schaumstoffprodukten für den Sport- und Spielwarensektor und den beliebten „Funny Swim Noodles" hat Elke 14 Jahre lang am Markt erfolgreich gearbeitet. Sogar internationale Großhändler standen auf ihrer Kundenliste.

Die Firma muss weg.

In solch einer Situation kann die Belastung schnell zu groß werden. Zu viel Arbeit, zu viel Stress; nach der Trennung von ihrem Lebenspartner wurde der Druck noch größer. Elke ging's nicht mehr gut. Die Gesundheit spielte nicht mehr mit. Elke war klar: Die Firma muss weg. Aber ein Unternehmen verkauft man nicht von heute auf morgen. Zwei Jahre sollte dieser Prozess dauern.

In dieser Zeit der Umorientierung lernt Elke Thiel durch Zufall den Schmuck von ENERGETIX kennen. Sie entscheidet sich spontan einzusteigen. Warum? Als Geschäftsfrau gefielen ihr der Schmuck, die hervorragende Qualität und das sehr gute Preis/Leistungs-Verhältnis. Allerdings Schmuckpräsentationen zu halten, konnte sie sich nicht so recht vorstellen. Schon am nächsten Tag ruft sie an und steigt als Marketing Direktorin sofort auf 40 % ein – schließlich will sie ja auch Geld verdienen. Außerdem ist mit dem Job ja kaum ein Risiko verbunden. Wenn's nicht funktioniert, kann sie den Schmuck einfach zurückgeben.

Elke Thiel mit ihrem Mann: angekommen in Österreich.

Aber es hat funktioniert. Elke nimmt den Schmuck mit zur nächsten Grillparty, legt ihn auf einen Tisch und sagt erst einmal nichts dazu. Das Ergebnis des Abends: Jeder hat etwas gekauft! Das war einfach. Bei ihrer Familie kommt sie mit ihrem neuen Job jedoch nicht so gut an. Aber bei ihrem starken Eigenwillen lässt sich Elke nicht entmutigen oder beeinflussen. Schmuck einkaufen und wieder verkaufen – das kommt ihrer Unternehmerseele entgegen. Elke macht weiter, und während sie versucht, für ihre Firma einen Käufer zu finden, gewinnt Elkes Schmuckgeschäft mehr und mehr an Fahrt. Nach kurzer Zeit wurde sogar die Schmuckpräsentation ein begeisterter und lukrativer Teil ihres ENERGETIX Geschäftes – das sie sich schon nach kurzer Zeit nicht mehr wegdenken kann.

Fremdes Land. Wie komme ich an Leute?

Dann der große Bruch: Der neue Lebenspartner bekommt ein Jobangebot nach Österreich. Elke überlegt nicht lange und geht mit: in ein fremdes Land, mit anderer Mentalität, ohne Bekannte, ohne Kontakte, und auch das mit der Sprache ist nicht ganz so einfach wie gedacht.

Beim Neustart stellt sich Elke die große Frage: Wie komme ich hier an Leute? Den Aufwand, den sie betreibt, schildert sie als enorm: Beitritt zur Walkinggruppe, um erste Kontakte zu knüpfen; mit jedem reden, den sie trifft; im Hotel einen Raum gemietet zur Präsentation von Schmuck und der Job-Idee und dafür unzählige Flyer verteilt. Resultat: Es kamen drei – ein mageres Ergebnis, aber der Verkauf in Österreich hatte begonnen, die erste Gastgeberfamilie war gefunden. Dann eine Messe in Innsbruck gebucht. Elke bekam gerade einmal die Standgebühren rein, aber die ersten Präsentationen waren gebucht. Ab da ging's richtig los. Ein Dreivierteljahr nach ihrer Ankunft in Österreich hatte Elke regelmäßig Schmuckpräsentationen – bis zu acht in der Woche. Der Terminkalender war voll. Dann war da noch die Sache mit dem Almabtrieb. Wenn die Kühe von der Alm gegen Ende des Sommers heim in die dörflichen Ställe getrieben werden, ist das ein Fest, das viele Menschen anzieht. Elke hatte einen Stand: Gebühr 15 Euro, Umsatz in fünf Stunden 2.500 Euro. Elke war in Österreich angekommen.

Fit für ein wahnsinnig tolles Leben: Elke achtet auf Ausgleich.

Hinzu kam der Teamaufbau, den Elke ebenfalls sehr direkt angeht. „Ich kann nicht jeden Tag eine Homeparty machen", sagt sie ihren Kunden. „Ich brauche Hilfe." Die bekommt sie. Heute sind 50 Leute in ihrem Team aktiv.

Geschäftliche Pause – Lebenstraum erfüllt – sie hätte es wissen müssen.

Als Unternehmerin hätte sie es wissen müssen: Wenn man sich ein Dreivierteljahr zurückzieht, ist das nicht gut fürs Geschäft. Aber ihre Leidenschaft war größer: Einmal im Leben auf einer Musical-Bühne stehen! Das war Elkes größter Lebenstraum, der plötzlich in Erfüllung gehen konnte. Der Mann ihrer Teamkollegin hatte ein Musical geschrieben. Die Truppe bestand aus 60 Akteuren, davon 18 Musiker, 20 Helfer hinter der Bühne und 22 Schauspieler. Elke war eine von ihnen. Sieben Mal war der Saal mit 500 Plätzen ausverkauft. Das Musical war ein sensationeller Erfolg, Elkes Lebenstraum endlich erfüllt. Aber was ist mit Elkes ENERGETIX Geschäft? Es war nicht nur die Aktivität von Elke, die in eine völlig andere Richtung ging. „Du bist Vorbild", weiß Elke heute. „Das Team arbeitet plötzlich auch nicht mehr so motiviert." Das Fazit: „Immer am Ball bleiben und kontinuierlich ums Geschäft kümmern, Ziele im Blick behalten – dann kann man sich nebenbei auch mal den einen oder anderen Traum erfüllen."

Der Musical-Vorhang ist gefallen und Elke gibt wieder Gas. Sie will an ihre ehemaligen Erfolge anknüpfen. Sie war die erste Geschäftspartnerin, die ein ENERGETIXDrive-Auto bestellt hat; viermal hat sie an Wettbewerbsreisen der ersten Kategorie teilgenommen. Sie weiß ganz genau, dass das ENERGETIX Geschäft ungeahnte Möglichkeiten bietet. Mit Hilfsbereitschaft, einer positiven Einstellung und dem kontinuierlichen Willen arbeitet sie mit Freude und ist davon überzeugt, dass jeder andere das auch schaffen kann. Elke ist froh darüber, dass sie damals diese Chance genutzt hat.

Herzliches Verhältnis: Beim nächsten Almabtrieb ist Elke wieder dabei.

Damit Elke weiterhin fit bleibt, zieht sie regelmäßig die Inliner an, geht laufen oder macht wunderbare Bergtouren und viele andere Aktivitäten. Und zu den Vierbeinern des Landes hat Elke, spätestens seit sie den Almabtrieb kennt, ebenfalls ein sehr herzliches Verhältnis.

Warum in die Ferne schweifen? Weil's dort mitunter richtig schön sein kann. Wie viele träumen nicht davon, für immer in ihrem favorisierten Urlaubsland zu leben! Das Problem dabei: Wie verdiene ich meinen Lebensunterhalt? Immer wieder zeigen Geschäftspartner, dass bei einer Verlegung des Wohnsitzes in ein anderes Land das ENERGETIX Geschäft einfach mitgenommen werden kann – oder von Null an gestartet.

Corianne Sproncken und Thomas Weisse

Arbeiten, wo andere Urlaub machen

Corianne Sproncken war 14, als ihre Familie in den Südosten Spaniens in die Nähe von Alicante zog. Mittelmeerküste, Strand, Sonne, Meer – ein Traum! Aber permanent an einem Ort zu leben – und sei er noch so schön –, ist etwas anderes, als dort einige Wochen im Jahr Urlaub zu machen. Für Schülerin Corianne hieß das zunächst einmal, die Kenntnisse in der spanischen Sprache optimieren, die Schule besuchen und das Abi in einem anderen Kulturkreis machen. Dadurch relativiert sich das Gefühl des permanenten Urlaubs natürlich erheblich. Aber für die junge Niederländerin hat sich der Reiz des Ferienparadieses trotzdem erhalten. Nach Abi und Touristikstudium war klar: „Hier will ich bleiben." Heißt natürlich: Corianne braucht einen Job, von dem sie leben kann.

Arbeiten, wo andere Urlaub machen. Corianne und Thomas haben ideale Job-Bedingungen gefunden.

„Das kann ich auch!"

Mit ihrem Diplom sollte der fünfsprachigen Fachkraft die Welt offenstehen. Schnell findet sie eine Stelle als Sekretärin in einem internationalen Handelsunternehmen. Aber das ist nicht das, was sie sich als idealen Job vorgestellt hat. Ihre Eltern sind bereits als ENERGETIX Geschäftspartner tätig. „Das kann ich auch", sagt sich die Tochter. Die Eltern unterstützen sie, ermöglichen den Einstieg auf 40 % und bringen sie zusammen mit dem Mentor auf den Weg in die Karriere. Auch Freund und Partner Thomas Weisse steigt mit ein; zusammen baut das junge Paar in Spanien sein ENERGETIX Unternehmen auf.

Disziplin – unverzichtbar

Die Regeln, nach denen die beiden arbeiten und die sie selbst aufgestellt haben, sind der besonderen Situation angepasst. „Junge Leute brauchen im Job eine feste Orientierung", weiß Corianne. „Deshalb stellen wir jeden Monat feste Wochenpläne auf, nach denen wir sehr konsequent vorgehen. Die Märkte in der Umgebung sind für uns Pflicht. Zu den normalen Märkten kommen jeden Monat zwei größere Events hinzu, zum Beispiel internationale Feste auf Campingplätzen. Auch die lassen wir uns natürlich nicht entgehen und sind immer bestens vorbereitet dabei." Die Disziplin, mit der die beiden vorgehen, ist in Anbetracht der Zielgruppe unverzicht-

Stand am Strand für die Zielgruppe Touristen: Kontakt nur während der Urlaubszeit.

bar: „Die Leute, die wir erreichen, sind in erster Linie Touristen, die eine begrenzte Zeit hier sind. Wenn der Urlaub vorbei ist, sind die weg. Je eher der erste Kontakt mit uns und dem Schmuck stattfindet, desto besser. Deshalb lassen wir keinen Markttermin aus." Auch für die Vorstellung der Job-Idee und damit für den Teamaufbau ist es wichtig, die strengen Arbeitsregeln einzuhalten. „Das Zeitfenster für den Kontakt ist nun einmal durch die Ferien vorgegeben. In diesen Tagen muss es passieren. Wenn wir Interesse am Job feststellen, versuchen wir noch während des Urlaubs, ein Treffen zu vereinbaren. Der weitere Kontakt läuft dann per Mail, Handy und Skype." Das funktioniert recht gut, wie Corianne inzwischen berichten kann. 15 sehr motivierte Mitglieder hat die junge Mentorin per Fernbetreuung bereits in die erfolgreiche Geschäftspartnerschaft begleitet, die jetzt unter anderem in den Niederlanden und England eigenständig tätig sind.

Glücklich im Urlaubsparadies

Corianne und Thomas sind stolz auf das, was sie in so kurzer Zeit und in jungen Jahren gemeinsam erreicht haben. 2010 sind sie gestartet; seitdem steigt der Umsatz. Neulich haben sie ein Haus gekauft, mit Pool, denn zum Meer fahren sie fast nur – man hält es kaum für möglich – zum Arbeiten. Die beiden sind glücklich im Urlaubsparadies. Die Rahmenbedingungen könnten idealer nicht sein: Ausgleich am Pool und bei Spaziergängen in spanischer Landschaft mit Hund Semmie, den das Paar aus dem Tierheim gerettet hat. Corianne hat einen großen Wunsch: Sie möchte, dass es genau so bleibt. Zusammen arbeiten zu können, sei einfach fantastisch. Dieses Leben so weiterführen zu können, das ist ihr Ziel. Dafür wollen die beiden etwas tun und zwar mit Disziplin am Ball bleiben und den Job sicher machen durch die Vergrößerung des Teams. „Man kann sagen, dass ENERGETIX uns die Welt geöffnet hat", sagt Corianne. „Auch deshalb möchten wir möglichst vielen Menschen dabei helfen, Erfolg zu haben und zu erleben, welche Perspektiven ein selbstständiger Geschäftspartner von ENERGETIX hat." Als ganz konkretes Ziel haben sich die Auswanderer vorgenommen, ein Jahr ununterbrochene Mitgliedschaft im STARCLUB zu schaffen. Es wird ihnen gelingen, denn schon zweimal haben sie dieses Ziel nur knapp verpasst.

Freizeit nach der Arbeit: Spaziergang in traumhafter spanischer Landschaft mit Hund Semmie.

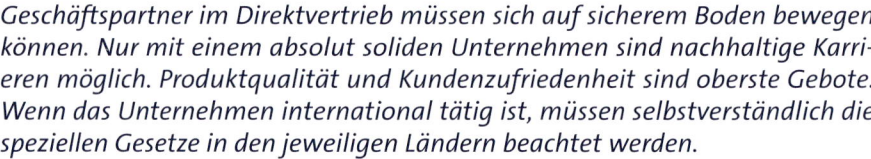

Geschäftspartner im Direktvertrieb müssen sich auf sicherem Boden bewegen können. Nur mit einem absolut soliden Unternehmen sind nachhaltige Karrieren möglich. Produktqualität und Kundenzufriedenheit sind oberste Gebote. Wenn das Unternehmen international tätig ist, müssen selbstverständlich die speziellen Gesetze in den jeweiligen Ländern beachtet werden.

Marko Steiner

Auf dem Boden des Gesetzes: Direktvertrieb in Italien

Marko Steiner sucht Entspannung in der Ruhe, wie hier am Gardasee.

Das Weihnachtsgeschenk seiner Mutter hat viel mehr als nur Festtagsfreude ausgelöst: Es sollte das Leben von Marko Steiner verändern. Marko war von dem Schmuckstück, einem Armband, so begeistert, dass er im Internet recherchiert und schließlich den Kontakt zu ENERGETIX gesucht hat. Zu diesem Zeitpunkt war der gelernte Einzelhandelskaufmann in der Marketingabteilung eines Zeitschriftenverlages in Tirol tätig, wo er die Geschäftskunden betreute. Das ENERGETIX Vergütungssystem mit den verschiedenen Qualifikationsstufen sprach ihn an, sodass er spontan den Verkauf von exklusivem Designschmuck als zweites Standbein startete. Die Schmuckrolle machte die Runde im Verlag und die ersten Bestellungen gingen ein.

Schon in der Startphase tägliche Präsentationen

Für die ersten Schmuckpräsentationen trat Mutter wieder auf den Plan, diesmal zusammen mit der Schwiegermutter. Beide vermittelten sie die ersten wichtigen Kontakte aus dem Freundes- und Bekanntenkreis. Schon die ersten Präsentationen brachten Verkaufserfolge und – noch wichtiger – so viele Weiterbuchungen, dass das Geschäft von Anfang an zum Laufen kam. Nach und nach verlagerte Marko seine beruflichen Aktivitäten vom Verlag auf Schmuckverkauf und Teamaufbau. Seit 2012 ist er hauptberuflich Geschäftspartner von ENERGETIX. Vier bis sieben Schmuckpräsentationen macht Marko pro Woche mit bis zu 15 Gästen. Diese relativ starke Frequenz ergibt sich aus dem spontanen Interesse der Neukunden, die bei sich zu Hause ebenfalls eine Präsentation durchführen wollen, und aus einem erfolgreichen Nachfassen: Nach vier bis fünf Monaten ruft Marko seine Kunden an und fragt nach ihrer Zufriedenheit. Auch aus diesen Telefonaten ergeben sich weitere Präsentationstermine, sodass Marko in der Regel über Wochen ausgebucht ist.

Erfolgsgeheimnis: authentischer Auftritt ohne Zwang und Druck

Die starke Nachfrage führt Marko nicht zuletzt auf seinen authentischen Auftritt zurück: „Ich verstelle mich nicht und vermeide es von Anfang an, dass eine Distanz entsteht. Ich übe keinen Druck aus, keinen Zwang. Die Leute sollen sich absolut frei für den Schmuck entscheiden." Wichtig ist nach Markos Meinung, dass alle zusammen Spaß haben: „Bei den Präsentationen wird viel gelacht. Die Leute fühlen sich wohl und erleben eine lockere Atmosphäre. Ein solches Event darf sich in den Augen des Kunden gern wiederholen, warum nicht bei der nächsten Präsentation bei mir? Und schon habe ich einen Folgetermin." Mit der gleichen Leichtigkeit geht Marko auch beim Teamaufbau vor. Er klopft das Interesse an einem Job ab und sagt unaufdringlich, dass er noch neue Leute sucht: „Vielleicht kennen Sie jemanden?" Auch engagierte Gastgeberinnen spricht Marko auf diese Weise an. Und auch hier stellt sich der Erfolg ein: Nach zwei Jahren Aktivität hat der sympathische Geschäftspartner ca. 80 Teammitglieder in Italien, Deutschland und Österreich gewonnen, von denen fünf hauptberuflich tätig sind.

Gesetzeskonform und mit Vertrauen

Bevor Marko so unbefangen in Italien seine Karriere als selbstständiger Geschäftspartner von ENERGETIX starten konnte, waren umfangreiche Vorarbeiten in der Binger Zentrale notwendig. Die italienischen Vorschriften machten eine Modifikation des Vertriebsablaufs erforderlich. Nach Vermittlung des europäischen Verbandes für den Direktvertrieb SELDIA und in Kooperation mit italienischen Fachanwälten passte die Rechtsabteilung in Bingen die Vertriebsabwicklung an die italienischen Verhältnisse an, sodass die Geschäftspartner dort in absoluter Übereinstimmung mit dem Gesetz unter gleichen Bedingungen ihrem Geschäft nachgehen können, wie ihre internationalen Kollegen. Das ist für Marko ein starkes Argument, wenn er Interessenten auf den Job anspricht: „Wer behauptet, man könne dem Geschäft in Italien einfach so nachgehen, ohne zum Beispiel die Steuervorschriften zu beachten, handelt schlicht verantwortungslos. Die Leute, die sich darauf einlassen, riskieren Haus und Hof. Wir hingegen wissen, dass wir gesetzeskonform arbeiten und mit absolutem Vertrauen in das Unternehmen."

Beständiger Job mit Perspektiven

Unter diesen Voraussetzungen dürfte die Karriere von Marko Steiner den gewünschten
Verlauf nehmen. Bereits heute hat er einen
höheren Verdienst erreicht als in der Marketingabteilung des Verlages. Und er fühlt sich
in seinem neuen, beständigen Job sicher und
wohl, zumal die Tätigkeit, in der er frei und
selbstverantwortlich arbeiten kann, noch viele Perspektiven für ihn bereithält. „Ich möchte das Geschäft insgesamt ausweiten und das
Team kontinuierlich vergrößern", sagt der junge Geschäftspartner, der Ruhe und Entspannung gern in der Landschaft Südtirols sucht,
die hierfür fantastische Gelegenheiten bietet. Seinen großen Wunsch dürfte er sich bei
seiner zielstrebigen Arbeitsweise in absehba-
rer Zukunft erfüllen können: ein Haus in Südtirol, am liebsten am Rande eines Dorfes, mit
großem Garten und ausreichend Platz für das
ENERGETIX Geschäft.

*Großer Wunsch: ein Haus in Südtirol – groß
genug für das ENERGETIX Geschäft.*

GENERATION 50 +

Die ältere Generation wird dringend gebraucht – heißt es. Ihre Erfahrung sei wichtig, das Know-how muss an die Jüngeren weitergegeben werden und so weiter. Soviel zur Bedarfslage. Auf der anderen Seite sind die „Alten" immer länger fit und wollen länger arbeiten, um weiterhin am aktiven Leben teilzunehmen. Das System der freien Entfaltung bei ENERGETIX kommt den unterschiedlichen Interessen der aktiven Ruheständler hier sehr entgegen. Man kann nochmal voll loslegen, oder man kann die Aktivitäten herunterfahren – ganz nach Bedarf und Wollen. Und mitunter stellt sich am Ende des Berufslebens die große Sinnfrage: Was hab' ich da eigentlich die letzten Jahrzehnte gemacht? Da die Tätigkeit mit ENERGETIX auch im Alter noch erstaunliche Entwicklungen der Persönlichkeit bewirken kann, gibt es auf die Sinnfrage fantastische Antworten.

War's das jetzt schon oder kommt da noch was? Für mehr und mehr Menschen stellt sich diese Frage gegen Ende des Berufslebens. Für manche kommt diese Frage sehr überraschend und oftmals verbunden mit der Suche nach dem Sinn des Lebens. Immer mehr ältere Menschen erleben, dass der Job mit exklusivem Designschmuck in vielfacher Hinsicht eine Alternative darstellt, sowohl im Hinblick auf die Entwicklung der Persönlichkeit, als auch auf einen lukrativen Verdienst. Da ist noch viel Luft nach oben.

Wolfgang Düsener

Die Ü-60-Party: Es ist nie zu spät!

Wolfgang Düsener muss nicht mehr arbeiten, als er auf ENERGETIX aufmerksam wird. Er besitzt bereits das Ferienhaus auf Kreta, das ihm nach einem erfolgreichen Berufsleben einen äußerst angenehmen Ruhesitz bietet. Aber er spürt: Das kann noch nicht alles gewesen sein. Dabei hat Wolfgang das Leben in vielen Facetten kennengelernt. Ausgebildet ist er als Flugzeugmechaniker, hat aber nie in diesem Beruf gearbeitet. Stattdessen fährt er riesige Trucks durch Europa. Auch als Taxifahrer ist er unterwegs. Der Ernst des Lebens beginnt mit der Tätigkeit des selbstständigen Versicherungsvertreters. In zwanzig Jahren baut sich Wolfang eine florierende Generalvertretung auf, bis er „genug davon" hat, um es gelinde auszudrücken. Dann lässt er sich zum Unternehmensberater ausbilden, und auch hier hat er Erfolg. Doch Wolfgang findet wieder keine Erfüllung – schlimmer: Er sagt, dass er kein Honorar, sondern Schmerzensgeld bekommen habe.

Erfolg im Beruf – aber keine Erfüllung

Wo lag das Problem? „Die Lebensversicherung ist eine Farce", sagt Wolfgang heute, „weil die Menschen mitunter mehr einzahlen, als sie später herausbekommen." Ein Eingeständnis, das schwerfällt, solange man satte Provisionen für die Abschlüsse einstreicht. Und auch der Unternehmensberater lernt die Schattenseiten des Lebens kennen. In guten Zeiten ist sein Rat gefragt, um das Unternehmen noch erfolgreicher zu machen. In schlechten Zeiten aber – und die treten hin und wieder auf – geht es schlicht und ergreifend um Rationalisierung. Und dann bleiben eben von 50 Beschäftigten 20 oder mehr auf der Strecke, wenn der Laden nicht ganz vor die Wand gefahren werden soll – 20 und mehr Schicksale, von denen jedes Einzelne auf Wolfgangs Seele drückt. Deshalb ist Wolfgang mit großer Erleichterung in die Sparte Existenzgründungsberatung gewechselt. Und ist mit ENERGETIX in Berührung gekommen – auf andere Art und Weise als alle anderen Geschäftspartner, die normalerweise über Schmuck, Präsentation und Job-Idee zu Beruf und Karriere mit dem exklusiven Designschmuck kommen. Als Berater-Profi hat Wolfgang das Unternehmen zunächst für eine Klientin unter die Lupe genommen. Diese wollte wissen, ob in Bingen ein se-

„Aktive" Zeiten auf Kreta: Wolfgang Düsener und Ehefrau Katja im Ferienhaus auf der griechischen Insel.

riöses Unternehmen arbeitet, dem man trauen und mit dem man die eigene Zukunft planen kann. Wolfgang recherchiert und kommt zu dem Ergebnis: Man kann.

„Ich will nichts anderes mehr machen!"

Im Zuge seiner Recherche hat Wolfgang sich selbst eingeschrieben und das Starter-Set bestellt, sozusagen „undercover". Hin und wieder hat er seinen Kunden von ENERGETIX erzählt, auch den ein oder anderen eingeschrieben, aber eigentlich hat Wolfgang sich um das Schmuckgeschäft nicht gekümmert. Nein – Wolfgang war kein vorbildlicher Mentor, wie er im Beraterhandbuch steht. Bis zu dem Tag jedenfalls, als er doch einmal einen Blick in das Management-System geworfen hat und feststellen konnte, dass „seine" Leute ihn bereits auf eine Provisionsstufe von 35% geschoben hatten. Unglaublich, selbst für Wolfgang, dem viele Spielarten beruflicher Existenz vertraut waren. Wolfgang ist auf den Geschmack gekommen, steigt jetzt richtig ein. 2010 war noch das Jahr der Skepsis. Ein Jahr später fasst er Vertrauen. 2012 dann die Einsicht: entweder oder. Und 2013 schließlich der ernsthafte Einstieg, der sich schnell zu einem „Ich kann nicht mehr ohne" entwickelt. Heute will Wolfgang nichts anderes mehr machen.

Endlich hat das Leben einen Sinn

Wolfgang hat in seiner Persönlichkeitsentwicklung einen Riesensprung gemacht. „Ich übe heute eine absolut sinnvolle und erfüllende Tätigkeit aus", sagt er. „Ich habe zeit meines Lebens versucht, Gutes zu tun, doch immer hat etwas ganz Wesentliches gefehlt: die Anerkennung. Jetzt kommt das ganz große Feedback gleich von zwei Seiten: von den Kunden und von den Geschäftspartnern. Und das Tolle: Ich habe gar nicht mehr das Gefühl zu arbeiten. Es macht einfach nur Spaß." Die Arbeit besteht für Wolfgang aus zwei Faktoren: Schmuckpräsentation und Teambetreuung, wobei er die Schmuckpräsentation mehr unter dem Aspekt des Vormachens betrachtet: „Jeder Neue sollte zwei bis drei Starterpräsentationen erleben können. Er muss sehen, wie einfach das Geschäft funktioniert. Deshalb mache ich die Starterpräsentation für die neuen Geschäftspartner, die ich selbst geworben habe, aber auch in die Tiefe des Teams hinein." Als Mentor – wie er im Buche steht

Ein Leben für ENERGETIX: Katja und Wolfgang Düsener auf einer Hochzeit türkischer Freunde auf Kreta.

– kann Wolfgang die positiven Aspekte der Unternehmens- und Existenzgründungsberatung perfekt miteinander kombinieren. Er weiß, wovon er spricht, wenn er den neuen Job vorstellt. „Ich spreche immer wieder auch alte Bekannte an", sagt Wolfgang. „Manche drei- bis viermal, so im Abstand von vier bis sechs Monaten. Etliche, die anfangs skeptisch waren, sind heute erfolgreiche Geschäftspartner. Die sind eingestiegen, weil sie gesehen haben, dass ich immer noch dabei bin. Dranbleiben heißt die Devise."

Die Menschen haben es verdient

Man darf sagen, Wolfgang genießt die Leichtigkeit des Seins und ist dabei überaus erfolgreich. Er hat bisher ca. 150 Geschäftspartner zum selbstständigen Arbeiten geführt, er gönnt sich einen AMG aus dem ENERGETIXDrive-Programm und er genießt, wann immer möglich, zusammen mit seiner Frau Katja, „aktive" Zeiten auf Kreta, bei denen das Geschäft weiterläuft und Wolfgang immer für Kunden und Team zur Verfügung steht. Sein Ziel ist es, „möglichst vielen Menschen diese Firma zu zeigen.

Der AMG aus dem ENERGETIXDrive-Programm: das richtige Fahrzeug für Wolfgang Düsener – einen Mentor, wie er im Buche steht.

Die Firma hat es verdient, aber auch die Menschen. Es geht mir ums Zeigen: Schaut es euch an, ob das etwas für euch ist." Seine neue Karriere gegen Ende seines Berufslebens beschreibt Wolfgang sehr emotional: „Heute kann ich vollkommen ohne Druck arbeiten und ich kann denen helfen, die meine Hilfe wollen. Ich bin für diesen Job unendlich dankbar, nachdem ich den Gedanken schon aufgegeben hatte, dass es so etwas gibt. Ich werde nichts anderes mehr machen."

Für immer mehr Menschen kommt heute das Rentenalter etwas zu schnell. Warum nicht dem Berufsleben ein paar Jahre hinzufügen, um auch weiterhin mitten im gesellschaftlichen Leben zu agieren? Die Tätigkeit mit ENERGETIX bietet eine ganz besondere Variante der Arbeit im Alter: die Möglichkeit der Karriere mit einem Topverdienst.

Hanneke und Lambert Brouwers

ENERGETIX – Spielfeld für die 2. Halbzeit

Als Physiotherapeut und Ergonom konnte Lambert Brouwers auf ein sinnvolles und äußerst erfolgreiches Berufsleben zurückblicken. Vielen Menschen hat er geholfen. Und er hat Spuren hinterlassen: Im Auftrag der niederländischen Regierung entwickelte er ein komplexes Therapiekonzept für chronisch Kranke. Warmwasser-Therapie, Yoga, Tanz, Heilgymnastik fügte er zu einem einheitlichen und sehr wirksamen

Das Haus von Hanneke und Lambert Brouwers bei Alicante mit Trainingszentrum für die spanischen Geschäftspartner.

Ansatz zusammen. Generationen von Therapeuten lernen diese Methode in ihrer Ausbildung. Bis nach Amerika beeindruckte das Lambert Brouwers-Konzept die Fachwelt und brachte bis heute Tausenden Patienten Linderung. 40 Jahre praktizierte er als Therapeut. In ihrer Freizeit waren die Brouwers nicht weniger aktiv: Aus einem Tanz-Schnupperkurs, bei dem Ehefrau Hanneke die treibende Kraft war, entwickelte sich eine atemberaubende Karriere. 15 Jahre waren Hanneke und Lambert Brouwers holländische Meister der Amateure in Standard- und Lateinamerikanischen Tänzen. Weitere Meistertitel ertanzte sich das Paar in Italien, Polen und Belgien, wo es schließlich auch eine Tanzschule eröffnete. Dann erkrankte Hanneke und die beiden beschlossen, die Phase der beruflichen Tätigkeit zu beenden.

Dazugehören, um zu sein

Glück in dieser unglücklichen Situation: Die Brouwers hatten ausgesorgt und waren in der Lage, sich abgesichert zurückzuziehen. Da es für Hannekes Krankheit opportun war, die kälteren Jahreszeiten in einer warmen Region zu verbringen, erwarb das Paar ein Haus in Spanien in der Gegend von Alicante. Auf einer Messe in den Niederlanden lernten sie zu dieser Zeit ENERGETIX kennen. Der Schmuck begeisterte spontan, aber auch die Job-Idee stieß auf großes Interesse. Denn inzwischen war den beiden Früh-Pensionären, die ein Leben lang immer sehr aktiv waren, klar geworden, dass es nicht befriedigend sein kann, „viermal am Tag den Hund auszuführen". Sie wollten noch etwas tun, „dazugehören, um zu sein", wie Lambert es ausdrückt. „Wenn du aufhörst zu arbeiten, ist das Leben vorbei", sagt er. „Mit Hobbys kannst du das ändern, aber warum nicht auch mit Arbeit?"

Man kann alles erreichen

Der Vergütungsplan von ENERGETIX hat schließlich den Ausschlag gegeben, in den direkten Vertrieb des exklusiven Designschmucks mit integrierten Magneten einzusteigen. „Mit Arbeit und Tun kann man hier alles erreichen", beurteilt Lambert den Plan. Zusammen mit seiner Frau Hanneke stellt er das beste Beispiel dar, dass es funktioniert: Innerhalb kurzer Zeit haben die beiden die Karriereleiter bei ENERGETIX bis zu den höchsten Stufen erklommen. Schon in der Startphase haben sie es in den STARCLUB geschafft und nach wenigen Wochen die erste Kategorie im großen Wettbewerb. Die Reise nach Bali haben die beiden allerdings nicht angetreten, weil sie zum Reisetermin eine Messe gebucht hatten, und die wollten sie nicht auslassen, „weil wir von Anfang an den langfristigen Erfolg angestrebt haben." Inzwischen haben sie sich für viele erste Kategorien qualifiziert und fantastische Reisen erlebt. Außerdem haben Brouwers ihren stän-

15 Jahre holländische Meister in Standard- und Latein-amerikanischen Tänzen: Hanneke und Lambert Brouwers in ihrem tänzerischen Element.

digen und ganz persönlichen Wettbewerb: Jeder Monat soll mehr Umsatz bringen als der entsprechende Monat des Vorjahres. Seit über fünf Jahren gewinnen sie diesen Brouwers-Wettbewerb und dokumentieren damit ihren nachhaltigen und kontinuierlichen Erfolgsanstieg.

Aktiv auf zwei Schauplätzen

Dementsprechend wächst das Team, wobei Lambert eine interessante Beobachtung macht: „Leute, die mit Lebenserfahrung einsteigen, also die Generation 40+, lernen am besten. Erfahrung ist sehr wichtig, denn man muss sein Wissen auch einsetzen

Freizeitvergnügen der ganz besonderen Art: Hanneke und Lambert Brouwers genießen die Teilnahmen an den ersten Wettbewerbs-Kategorien von ENERGETIX.

können. Ich glaube, dass man erst nach der Schule so richtig in den Lernprozess einsteigt." Lambert weiß auch, dass er die Leute begleiten muss: „Man muss dabei sein, dann geht der Umsatz rauf. Das ist in Holland so und auch in Spanien, wo wir mit dem Trainingszentrum an unserem Haus über 35 Geschäftspartner betreuen. Sobald wir da sind, steigen die Aktivitäten." Ein tolles Argument für die Gewinnung neuer Partner ist die nahezu absolute Risikolosigkeit des Geschäfts. „Sollte es mal nicht klappen, gibst du den Schmuck einfach zurück. Du musst also keine Angst haben, auf den Produkten sitzen zu bleiben." Dieses Argument hat schon bei vielen in Lamberts Team den Ausschlag gegeben. Auch Sohn Rolf gehört inzwischen dazu und geht mit gleichem Elan und Erfolg ans Werk wie seine Eltern.

ENERGETIX – die zweite Familie

Lambert Brouwers und seine Frau Hanneke haben nicht aufgehört zu arbeiten, sondern sind ein zweites Mal im Leben voll gestartet; mit dem Ergebnis, dass sie eine Tätigkeit ausüben, die ihnen finanziell jeden Spielraum lässt, zum Beispiel die Enkelkinder bei der Ausbildung zu unterstützen und den Weg in die Unabhängigkeit

In der ersten Berufshalbzeit Masseur, jetzt immer noch begeisterter Fan: Lambert Brouwers und sein Club, der PSV Eindhoven.

zu ebnen. Dabei genießen sie die Freiheit, die ENERGETIX so einzigartig macht. „Freiheit ist ein großes Ding", sagt Lambert. „Wir arbeiten, wo wir wollen: in Holland, in Spanien. Und wenn wir mal einen schlechten Tag haben – das kann vorkommen – dann arbeiten wir eben nicht." Zudem genießen die beiden als großes Freizeitvergnügen die Wettbewerbsreisen von ENERGETIX, die sie immer wieder an die angesagtesten Plätze der Welt führen, mit Geschäftspartnern und Geschäftsleitung, zu denen sich ein sehr freundschaftliches Verhältnis entwickelt hat. „Es ist so, als hätten wir bei ENERGETIX eine neue, zweite Familie gefunden", sagt Lambert. Und Lambert genießt sein Hobby: den Fußballverein PSV Eindhoven, wo während seiner ersten Berufsphase seine Dienste als Masseur sehr gefragt waren. Seit vielen Jahren hat er seinen Tribünenstammplatz, und nur wenn eine ENERGETIX Aktivität es erfordert, verpasst er ein Spiel – wenn man so will, das verbindende Element der beiden Halbzeiten: mitten im Leben.

Es gibt viele Gründe, sich aus dem eigenen Betrieb zurückzuziehen. Wenn die Gesundheit nicht mehr so mitmacht, ist es oft ein herber Schicksalsschlag, vor allem, wenn Herzblut im Unternehmen steckt. Die gelungene Übergabe an die nächste Generation ist für jeden Geschäftsinhaber die ideale Lösung. In jedem dieser Fälle bietet ENERGETIX eine praktikable und effektive Alternative. Und der Übergeber bleibt weiter aktiv – ohne Altersbegrenzung.

Marga und Heinz Berkels

Von der Gärtnerin zur Schmuckberaterin

Marga Berkels hat einen Gärtner geheiratet – mit Gärtnerei, mit Privatverkauf, Rosenzucht und einem Stand auf dem Wochenmarkt. Ein klassisches, ländliches Familienunternehmen, in dem acht Menschen beschäftigt waren und auf Marga viel, viel Arbeit wartete. 28 Jahre hat sie den Betrieb mitgeführt, mit angepackt – bis ihre Knie nicht mehr mitgemacht haben.

Einfach angefangen

Deshalb hat Marga das Produkt gewechselt und auf Märkten und Messen Geschenkartikel verkauft. Ihr 40 m² großer Stand war eindrucksvoll, aber kompliziert im Auf-

Marga Berkels: gemeinsam mit Ehemann Heinz mit ENERGETIX auf Messen und Märkten.

bau. Als sie auf einer der Messen den relativ kleinen Stand mit ENERGETIX Schmuck mit dafür umso größerem Publikumsinteresse sah, hat sie den Schmuck in ihr Programm aufgenommen und schnell festgestellt, dass die zwei Quadratmeter Schmuck mehr Umsatz brachten als der Rest. „Ich hab einfach angefangen und zunächst nur Schmuck verkauft, so wie ich bisher auch gearbeitet hatte. Es lief gut an. Man muss am Anfang nicht alles wissen. Die Einzelheiten habe ich erst nach und nach kennengelernt." Bis heute zieht Marga inzwischen jedoch alle Register: drei bis vier Schmuckpräsentationen die Woche, „wie es mir gefällt", Betreuung der Teammitglieder, von denen mehrere hauptberuflich arbeiten, und

Schmuckstück im Park: eine Eichhörnchen-Skulptur, die Marga selbst perfekt modelliert hat.

auch nach acht Jahren betreibt sie kontinuierlich den weiteren Aufbau des Teams. Nach wie vor ist sie gemeinsam mit ihrem Mann auf Messen und Märkten. Bei jeder Gelegenheit trägt Marga ihren Schmuck, der Aufmerksamkeit und Interesse weckt. Bis zum Gespräch über den Job ist es nur ein kurzer Weg. Wie neulich beim Urlaub in der Türkei: ein deutscher und ein türkischer Geschäftspartner sind seit dem Urlaub neu in ihrem Team. Auf dem Rückflug lernt Marga über ihren Schmuck eine Mitreisende kennen, und natürlich tauscht man die Kontaktdaten aus.

Viele Jahre erfolgreich – mit angepasstem Einsatz

Der Lohn für dieses Engagement ist ein Erfolg, der nunmehr seit Jahren anhält. Die anfänglichen Bedenken von Ehemann Heinz haben sich angesichts des Einkommens schnell zerschlagen. Die finanzielle Unabhängigkeit durch Margas Job hat die Übergabe des Gartenbaubetriebs an den Sohn erheblich erleichtert. „Uns konnte ja nichts passieren", sagt Marga. „Geld verdienen mit ENERGETIX geht doch sehr einfach." Heute investiert Marga so viel Zeit in ihren Job, wie sie möchte. Denn sie hat das

Haus, den parkähnlichen Garten mit herrlichen Strauchskulpturen, die Marga selbst mit der Schere modelliert, und sie hat ihre Enkel, denen sie die ersten Golfschritte beibringt. „Und das Schönste von allem, was ich bisher gemacht habe", sagt sie „ist ENERGETIX. Wenn die Kunden sich melden und sagen, wie begeistert sie sind, dann bin ich glücklich. Das ist wie Balsam für meine Seele. Ich werde nichts anderes mehr machen. Ich habe immer Kontakt zu netten Menschen. Und man geht ganz anders durchs Leben. Ich für meinen Teil kann es gar nicht mehr lassen und werde es wohl mit 70 immer noch machen."

Gelungene Übergabe

Marga und Heinz Berkels haben es geschafft. Der Sohn führt den Familienbetrieb weiter, dessen Entwicklung die beiden mit großem Interesse verfolgen. In ihrem Park pflegt Marga noch mit viel Liebe die Saphire, ihre Lieblingsorte aus der ehemaligen Rosenzucht. Eine wahre Oase! „Wir freuen uns immer, wenn wir nach Hause kommen." Und das ENERGETIX Geschäft läuft. „Wir haben einen Riesenspaß", sagt Marga. „ENERGETIX kann man auch noch in Rente machen – Ende offen!"

Noch ohne Handicap: Marga zeigt ihren Enkeln die ersten Schritte des Golfspiels.

DEM LEBEN EINE WENDE GEBEN

Es gibt Schicksale, die sind nur zu ertragen, wenn es irgendwann im Leben zur ganz großen Wende kommt. Der finanzielle Ruin zählt dazu, der schnell in gigantischen Dimensionen in Erscheinung treten kann. Die Abwärtsspirale kann aber noch tiefer laufen – bis auf die Straße mit scheinbar absoluter Chancenlosigkeit. Manchmal haben auch weniger dramatische Wenden große Konsequenzen: das plötzliche Erleben von Freiheit zum Beispiel, die Entwicklung von Selbstbewusstsein durch Unabhängigkeit oder der Tausch von Fremdbestimmtheit gegen eigene, freie Entscheidungen. ENERGETIX hat zahllose Wenden bewirkt, die alle ein gemeinsames Resultat verbindet: Die Menschen sind glücklich und dankbar und wollen nichts anderes mehr machen.

Die Verdienstmöglichkeiten im Direktvertrieb sind die eine Seite der Medaille. Hinzu kommt das wunderbare Gefühl, anderen Menschen zu helfen und sie in eine freie, unabhängige berufliche Zukunft zu führen. Das schönste Dankeschön dafür kann ein Kreis echter Freunde sein – mitunter weltweit.

Margreth und Sjaak Janssen

Das wunderbare Gefühl, Menschen eine Zukunft zu geben

„Ich weiß nicht, warum Sie noch stehen!" Der Kommentar seines Arztes war nicht gerade aufmunternd, als Sjaak Janssen seinen Rat suchte. „Sie haben eine Tochter verloren; Ihr Unternehmen ist weg, dafür haben Sie 300.000 Euro Schulden; und Sie haben gerade ein Haus gekauft, aber keine Einnahmen. Also das sind eigentlich gleich drei Gründe auf einmal, um zusammenzubrechen."

Aber der studierte Bauingenieur blieb auf den Beinen. Nach seiner Tätigkeit auf dem Bau und an der Berufsfachschule hatte Sjaak Janssen eine Teppichreinigungsfirma gegründet – mit 35 Filialen. Dann misslang, zeitgleich mit persönlichen Schicksalsschlägen und Erwerb einer Immobilie, die Übergabe seiner Firma und mündete in einer feindlichen Übernahme – ein finanzielles Desaster.

Das erste Monatsziel fast auf den Cent erreicht

Sjaak und seine Frau Margreth waren ganz unten und standen vor der Frage: Insolvenz, also fünf Jahre in völliger Armut leben, oder irgendwie weitermachen? Bisher hatte Sjaak, der inzwischen als Naturheilpraktiker arbeitete, anderen geholfen; jetzt musste er sich selbst und seiner Familie helfen – als er über einen Sammelbesteller per Zufall mit der Job-Idee von ENERGETIX konfrontiert wurde. „Na ja, probieren kann man's ja mal", sagte er sich und schrieb sein erstes kleines Monats-Ziel – 500 Euro – auf einen Bierdeckel, wie es sein Mentor geraten hat. Der Monat war um und das Ziel fast auf den letzten Cent erreicht. Das war 2005.

Sehr nützliches Hobby für das Geschäft: Margreth organisiert leidenschaftlich gern Trainings und Events.

Seitdem ging's bergauf. Nach fünf Jahren waren die Schulden abgebaut, wobei die Familie vom ersten Tag an über ein ausreichendes Einkommen verfügen konnte.

Weitergeben, was du weißt

Über 1.200 Geschäftspartner sind heute im Team Janssen tätig – viele Kleine, die die Tätigkeit des Schmuckberaters als zweites Standbein ausüben. Über 30 aber haben mit ENERGETIX einen lukrativen Job gefunden, von dem sie und ihre Familien gut leben können. Im Durchschnitt kommen zwei neue Geschäftspartner im Monat hinzu. Die Janssens beschränken sich ganz bewusst auf diese Zahl, weil sie sich immer ausreichend Zeit nehmen wollen, die Neuen intensiv zu betreuen und das nicht nur bei den ersten Schritten, sondern auch später, wenn es um den Aufbau des eigenen Teams geht. „Das Geschäft ist stabiler, wenn man die Leute gut unterstützt", sagt Sjaak. „Das, was du selbst weißt, musst du weitergeben." Bei den Janssens geht die Rechnung auf. Der Geschäftswagen aus dem ENERGETIXDrive-Programm wird zum großen Teil über die Bonus-Zuzahlung finanziert; ein zweites gleiches Fahrzeug fährt das Paar privat.

Weltweiter Freundeskreis

Sjaak redet gern mit Menschen, bei jeder Gelegenheit: beim Einkaufen, im Restaurant, beim Bummeln – er findet immer eine Gelegenheit und hat einen Tipp: „Rede nicht sofort über den Schmuck oder den Job! Wenn du nur das nette Gespräch suchst, ist es einfacher." Und erst, wenn er im Laufe des Gesprächs feststellt, dass ENERGETIX für seine Gesprächspartner einen Mehrwert haben könnte – beruflich oder allgemein zur Entwicklung der Persönlichkeit – dann lenkt er das Gespräch auf „sein" Thema, den Magnetschmuck. Sjaak und Margreth arbeiten mit dem wunderbaren Gefühl, Menschen eine Zukunft zu geben – ein Gefühl, das erwidert wird: Weltweit haben die beiden heute einen wirklichen Freundeskreis, der alle Themen mit ihnen teilt.

Damals sicher nicht für möglich gehalten: eine Limousine als Geschäftswagen aus dem ENERGETIXDrive-Programm, die gleiche noch einmal privat.

Nur wer ein Ziel hat, schafft es

Wenn Sjaak und Margreth Janssen an ihre Katastrophenzeit zurückdenken, erscheint ihr heutiges Leben unglaublich: „Heute haben wir für unser Leben ausgesorgt", sagt Sjaak. Und die beiden haben nicht nur mehr Freizeit, sondern auch das Geld, um etwas zu unternehmen. Sjaak reitet, am liebsten wenn die Tochter mit ihrem Fohlen dabei ist. Margreth geht gern auf Reisen und ist eine leidenschaftliche Organisatorin von Trainings und Events, was sich wiederum positiv aufs Geschäft auswirkt. Immer mal wieder, wenn es die Zeit zulässt, ist Sjaak als Therapeut tätig. Nur – und das freut ihn ganz besonders – er muss keine Rechnung mehr schreiben, wenn er jemandem hilft, sondern macht es ausschließlich aus freien Stücken.

In dieser Hilfsbereitschaft wurzelt auch das große Ziel der Janssens. Sie wollen ein altes Kloster in ihrer Nähe zu einer Stätte umfunktionieren für alle, die Hilfe brau-

Das Glück dieser Erde: Sjaak reitet am liebsten, wenn die Tochter mit ihrem Fohlen dabei ist.

chen. Solche Ziele zu haben, sei unentbehrlich für den Erfolg. Nur wer ein Ziel hat, schafft es. Dabei sei der Erfolg nicht unbedingt in Geld zu messen, sondern als Erfolg bezeichnet Sjaak, wenn man sein Leben so leben kann, wie man es möchte. „Das Ziel kann ganz groß sein, aber auch ganz klein." Man sollte in sich hineinhorchen: Was willst du wirklich? Was bedeutet für dich Glück? Wenn das Ziel ganz groß ist, macht es Sinn, es auf kleine Schritte runterzubrechen.

Das Therapiezentrum ist das große Ziel der Janssens. Aber ENERGETIX wird immer dazugehören. Denn, so Sjaak: „ENERGETIX ist unser Leben."

Auch wer aus der Arbeitslosigkeit kommt und im wahrsten Sinne des Wortes ganz unten anfangen muss, hat im Job-System von ENERGETIX jede Voraussetzung für den Aufstieg bis nach ganz oben. Dem Mentor geht's gut, wenn's dem Team gut geht. Eine Win-Win-Situation, die in die Pflicht nimmt.

Ulrike Lemmel und Jochen Stolz

Topverdienst – aber nur bei kontinuierlicher Arbeit

Fangen wir mal mit ihrem aktuellen Ziel an: Ulrike Lemmel und Jochen Stolz wollen fünf Geschäftspartner dahin bringen, genauso erfolgreich zu sein, wie sie es selbst sind: gleicher Wohlstand, gleiche unternehmerische Freiheit mit allen Annehmlichkeiten, die das Leben auf hohem finanziellen Niveau bieten kann, inklusive eines weißen Mercedes Cabriolets mit weißen Ledersitzen. Jeder darf sich angesprochen fühlen. Wie man sehen wird, hat auch derjenige eine Chance, der bei null anfangen muss.

Start aus der Arbeitslosigkeit

Ulrike Lemmel und Jochen Stolz haben bei null angefangen. Beide waren arbeitslos, mussten sogar eine Zeit im Wohnmobil überbrücken, weil sie kein Geld hatten, um eine Wohnung zu mieten. Dabei waren sie vorher ein anderes Leben gewohnt; aber gegen die Umstände waren sie machtlos. Bei Ulrike war es die Trennung von ihrem Mann. 30 Jahre hatte die Modedesignerin ihr erfolgreiches Leder- und Pelzgeschäft geführt. Mit der Trennung war die gesamte Lebensplanung zunichte gemacht. Bei Jochen war es die plötzlich eingebrochene Kaufkraft seiner Kunden. Nach seiner Zeit als Hubschrauberpilot bei der Bundeswehr war er als

Bei null angefangen und heute an der Spitze: Ulrike Lemmel und Jochen Stolz, immer wieder mit neuen Zielen.

freier Handelsvertreter in der Campingbranche tätig und damit abhängig von wirtschaftlichen Entwicklungen und Kaufverhalten. Auch er war bei null. „Wir mussten Geld verdienen", sagt Ulrike heute, wobei sie „mussten" sehr stark betont.

Es folgte der Gang zum Arbeitsamt und alles, was dann so kommt: Wiedereingliederung in den Arbeitsmarkt mit den entsprechenden Kursen. Einer davon war schicksalsentscheidend: Der Motivationstrainer war Ulrich Lang. Es entstand eine Freundschaft und eines Abends saßen die drei zusammen und redeten über ENERGETIX – mit dem Resultat, dass sie ein gemeinsames Fax an die Firma schickten: Das Trio hatte sich selbst registriert – ENERGETIX Geschäftspartner der ersten Sekunde.

Erster Messestand mit dem Esszimmertisch

Für den allerersten Messestand bauten Ulrike und Jochen ihren Esszimmertisch ab, brachten ihn in die Markthalle in Kassel, schraubten ihn wieder zusammen und drapierten ihren Schmuck. Nach vier Stunden waren 800 Euro in der Kasse. Mit ihrer 30-jährigen Erfahrung als Unternehmerin wusste Ulrike sofort: „Das ist das Geschäft für mich!" Jochen nutzte seine alten Kontakte zur Campingbranche und besorgte einen Messetermin nach dem anderen. Die Aktionen liefen mit großem Erfolg: das Gesamtresultat einer Messe-Woche wies mitunter einen fünfstelligen Betrag auf. Die Begeisterung und sympathische Ausstrahlung der beiden, mit der sie an ihrem Stand agierten und den Schmuck verkauften, zeigte Wirkung. Drei bis vier neue Partner fanden im Verlauf einer Messe regelmäßig den Weg in den Job. Allerdings mussten Ulrike und Jochen erst darauf aufmerksam gemacht werden, dass das Einschreiben neuer Leute genauso wichtig für die Karriere ist wie der Verkauf des Schmucks. Das war etwas, was die beiden lernen mussten. Der Job im Direktvertrieb war noch nicht bis ins Detail erschlossen. Ca. drei Jahre betrieben die beiden ausschließlich das Geschäft auf den Messen. Sie reisten mit ihrem Wohnmobil an und wo es möglich war, verkauften sie direkt aus dem Wagen. Das Instrument der Homepräsentation befand sich damals noch im Entwicklungsstadium.

An der Spitze angekommen

Heute, nach über zehn Jahren, ist das inzwischen sehr repräsentative Wohnmobil immer noch ideal, um neue Kontakte zu knüpfen und die Job-Idee zu vermitteln. Bundesweit trifft man ihr mit ENERGETIX Motiven gestaltetes Mobil auf Messen, Gewerbeshows und natürlich auf Campingplätzen, wo sie das Angenehme mit dem Nützlichen verbinden. Ihr Berufsalltag ist mit ENERGETIX komplett ausgefüllt. Die Messeauftritte erfordern eine intensive Vorbereitung. Die Telefonate mit den Teammitgliedern nehmen etliche Stunden und mehr in der Woche in Anspruch; hinzu kommen die Schulungen, die die beiden bundesweit in allen Großstädten und

Bundesweit unterwegs: das Wohnmobil, gestaltet mit ENERGETIX Motiven – ideal zum Knüpfen neuer Kontakte.

in den angrenzenden Ländern durchführen. Besonderen Wert legen Ulrike und Jochen auf die intensive Betreuung neuer Partner. Wenn es auf der Homepräsentation oder Messe neue Kontakte gegeben hat, müssen diese gut nachgearbeitet werden. Im Eins-zu-eins-Gespräch stellt sich heraus, ob der oder die Neue mit oder ohne Investition ins Geschäft einsteigen möchten. Beides ist bei Ulrike und Jochen möglich. Das System funktioniert. Von mehreren tausend Einsteigern sind viele Hundert aktiv und etliche haben durch Ulrikes und Jochens Starthilfe und nachfolgende Betreuung heute ein gutes bis sehr gutes Einkommen. Die Tendenz in der Entwicklung des Teams ist immer noch steigend. Dabei lässt sich eine Gesetzmäßigkeit beobachten: Je intensiver sich die beiden um die Einarbeitung des Einzelnen kümmern, die ihrerseits neue Teams aufbauen wollen, desto dynamischer verläuft der Anstieg. Jedes Jahr laden die beiden zu einem rauschenden Sommerfest ein. Von Jahr zu Jahr nimmt die Zahl der Gäste zu. Ulrike und Jochen sind an der Spitze angekommen. Sie zählen zu den erfolgreichsten Geschäftspartnern von ENERGETIX. Von Anfang an sind sie Mitglieder im STARCLUB, der höchsten Auszeichnung, die das Unternehmen vergibt, und liegen im Bereich Gesamtaktivitäten im oberen Bereich.

Denkzettel für Jochen

Heute kann Jochen offen darüber reden – und mit einem Lächeln: „Ich fühlte mich einfach zu sicher." Jochen dachte bei den großen Erfolgen, die natürlich auch aus dem Team kamen, er könnte es mal etwas langsamer laufen lassen. Einfach mal weniger tun; weniger einschreiben, weniger nacharbeiten, mehr Zeit für sich abzweigen. Nach sechs Monaten war er schlauer: Die Zahlen gingen nach unten, auch die Zahlen auf dem Scheck. „Das ist so, als ob das Team es riecht, das du weniger arbeitest. Im Team wird dann automatisch auch weniger gearbeitet. Alte Regel im Direktvertrieb: Die Leute machen das nach, was du vormachst." Sobald er gemerkt hat, welche Folgen sein vorübergehendes Phlegma hatte, ist er wieder voll rein in den Job.

„Das wieder aufzuholen, dauert ein ganzes Jahr", sagt er und wird in Zukunft darauf achten, dass ihm so etwas nicht wieder passiert. Denn dafür ist das Erreichte einfach zu schön. Das ganze Leben der beiden hat sich durch die Arbeit mit ENERGETIX verändert: Die herrliche Wohnung, das stattliche Wohnmobil, der Wohlstand, der in vielen Details zum Ausdruck kommt. Mit dem Esstisch zur Messe ist eine Erinnerung, die schmunzeln lässt. Heute bringen Ulrike und Jochen ihren eigenen professionell ausgestatteten Pavillon mit. Dass beide einmal bei null angefangen haben, ist kaum noch vorstellbar. Heute beherzigt Ulrike den Rat ihres Finanzberaters und legt Geld in unterschiedlichen Werten an, zusätzlich zu mehreren Lebensversicherungen, die sie bedient, um später das Leben zu führen, das sie führen möchte.

Vorsorgen von Anfang an

Esstisch ist Historie: Jochen Stolz im heutigen Event-Pavillon.

Eine herrliche Situation, aber einen Rat beherzigen Ulrike und Jochen ohne jede Einschränkung und geben ihn eindringlich an jeden Neueinsteiger weiter: Wie in jedem anderen Beruf geht ein Teil des Verdienstes in den Abgabentopf: Krankenversicherung, Rentenversicherung, Steuern. Wofür sonst der Arbeitgeber sorgt, das muss der Selbstständige selbst tun. Deshalb die nachdrückliche Empfehlung aus dem Munde der Top-Geschäftspartner: So bald wie möglich den Rat eines Steuerberaters einholen und sich von diesem betreuen lassen. Ulrike hat als erfahrene Geschäftsfrau sogar von Anfang an ein separates Konto eingerichtet, auf das sie die Hälfte ihres Verdienstes einzahlt, auch als Reserve fürs Finanzamt, falls nach einer Steuerprüfung mal eine Nachzahlung notwendig sein sollte. Aber auch das Thema Abgaben sehen die beiden aus ihrem grundsätzlich positiv-optimistischen Blickwinkel: „Eigentlich darf man sich darüber freuen, dass man viel zahlt. Denn ein deutlicheres Zeichen dafür, dass man auch viel verdient, gibt es nicht."

Also, wer sich auf die beiden Sympathieträger einlässt, scheint in guten Händen zu sein. Wie gesagt: Fünf außergewöhnliche Karrieren wollen Ulrike und Jochen aktuell auf die Bahn bringen. Danach kommen natürlich die nächsten fünf.

ENERGETIX hat Lebenswege verändert. Viele Geschäftspartner, die heute sehr erfolgreich sind, hätten sich niemals vorstellen können, im Schmuckgeschäft und im Direktvertrieb tätig zu sein. Wer aber den ersten Schritt macht, wer erlebt, welche Wirkung der Schmuck hat und welche Karriere-Entwicklungen möglich sind, der kann existenzielle Veränderungen erfahren.

Marie-Laure und Michel Obéron

Die Revolution im Kopf

Der Lebensweg von Michel Obéron war früh vorgezeichnet: Mit elf Jahren wechselt er auf die Militärschule, macht dort das Abitur und schlägt anschließend die Offizierslaufbahn ein. 25 Jahre dient er im Fallschirmjägerbataillon, in dem er zuletzt den Rang eines Obersten bekleidet. 1.000 Absprünge, zahlreiche Kampfeinsätze im Libanon, im Tschad, in Zentralafrika, Syrien und Jordanien haben an den Kräften gezehrt. Die letzten fünf Jahre seiner militärischen Laufbahn war Michel Obéron Testspringer für militärische und privatwirtschaftliche Auftraggeber. Diese außergewöhnlichen Belastungen des Soldatenberufs machen das Pensionsalter von 45 Jahren nachvollziehbar, was für Michel und seine Frau Marie-Laure aber alles andere als Ruhestand bedeutete.

Kondition bewiesen: Michel beim Halbmarathon in Mainz.

Mit dem neuen Lebensabschnitt begegnen Michel und Marie-Laure dem Schmuck von ENERGETIX. Und sie lernen ihre Mentorin kennen. Die konfrontiert sie mit zwei sehr interessanten Aspekten. Erstens: Der Markt in Frankreich wartet auf den exklusiven Designschmuck mit den integrierten Magneten. Zweitens: Der Schmuck muss sinnlich erlebt werden können, gesehen, angefasst, gefühlt werden können. Wenn ein neuer Geschäftspartner am Anfang nicht in Präsentationsschmuck investieren kann, muss man ihm helfen.

À la française: der Vier-Stufen-Plan

Die beiden neuen Geschäftspartner steigen voll in dieses Konzept ein. Wo sie gehen und stehen, tragen sie den Schmuck und erleben Erstaunliches: Immer wieder werden sie auf den Schmuck angesprochen. Wie schön! Wo kann man so etwas kaufen? Noch heute, nach zehnjähriger Tätigkeit, ist der Einzelverkauf von Person zu Person eine Säule im Geschäft der Obérons. Sie beherzigen auch die zweite Empfehlung der Mentorin: Die Unterstützung der Neuen im Rahmen eines Vier-Stufen-Plans. Zunächst wird ein erstes persönliches Treffen mit dem Interessenten vereinbart. Verläuft das Gespräch positiv, stellen die Obérons ihrem neuen Schützling in der zweiten Stufe ein Kon-

Große Leidenschaft neben ENERGETIX – die Literatur: Marie-Laure und Michel Obéron in der Trinity College Bibliothek in Dublin.

tingent an Schmuck für einen Monat zur Verfügung. „Viele Leute haben am Anfang kein Geld, um sich selbst mit Schmuck auszustatten, den sie selbst tragen und vorzeigen können. Nach unserer Erfahrung ist es eminent wichtig, den Schmuck im Original erlebbar zu machen. Deshalb leihen wir dem Neuen Schmuck und lassen ihn zu Beginn damit auf der 30 %-Stufe arbeiten. Bezahlt wird später." Auf der dritten Stufe bieten die Obérons den Neuen zwei Trainings pro Woche, um dann gemeinsam auf Stufe Nr. 4 die ersten ein bis zwei Schmuckpräsentationen durchzuführen.

Einfach zuhören

250 Teammitglieder haben Marie-Laure und Michel auf diese Weise erfolgreich an den Start gebracht. Wie sie auf mögliche Interessenten aufmerksam werden und sie in die engere Wahl einbeziehen? Michels Antwort klingt überzeugend: „Einfach zuhören. Wenn mir ein Pensionär sagt, dass er sich ohne eine konkrete Aufgabe langweilt, dann stelle ich natürlich unseren Job vor. Wenn ein junger Mensch über die Krise klagt, dann zeige ich Verständnis für schwere Zeiten, zeige aber sofort auf, wie er da rauskommt. Also das Rezept heißt, zuhören und sofort reagieren, wenn es einen Anhaltspunkt gibt, um über den Job zu reden." Auch die Vereinbarung neuer Schmuckpräsentationen läuft über den Dialog. „Viele Kunden rufen an und fragen uns, ob wir ihren Freunden und Bekannten nicht einmal den Schmuck zeigen wollen", berichtet Michel. Und die Kontakte einer Präsentation, die in der Regel von Ma-

rie-Laure übernommen wird, ruft Michel nach einiger Zeit an, fragt nach der Zufriedenheit. Nachbestellungen und neue Präsentationstermine ergeben sich dadurch automatisch.

Revolutionäre Veränderung im Denken und im Leben

Perfekt aufeinander eingestimmt: Marie-Laure und Michel haben jetzt eine fantastische Arbeitsteilung.

Das Paar ist perfekt aufeinander eingestimmt; beide bilden das ideale Team. „Zur Zeit meines Militärdienstes mussten wir alle zwei bis drei Jahre umziehen. Für Marie-Laure war es unmöglich, für so kurze Zeitabschnitte eine Beschäftigung in ihrem Beruf als Verwaltungsangestellte zu finden", sagt Michel. „Jetzt haben wir eine fantastische Arbeitsteilung." Über das Leben mit ENERGETIX spricht Michel von einer Revolution im Intellektuellen. „Ich habe das militärische Denken gegen das kaufmännische eingetauscht. Beim Militär spricht man nicht über geschäftliche Dinge. Früher war ich nur Empfänger von Befehlen, die ich ausgeführt habe. Heute arbeite ich, damit Kunden und Geschäftspartner zufrieden sind, und ich verdiene Geld damit. Das ist eine revolutionäre Veränderung." Auch der Freundes- und Bekanntenkreis der Obérons ist heute ein anderer: „Beim Militär bist du nur von Militärs umgeben. Mit ENERGETIX haben wir das ganze Spektrum der Gesellschaft kennengelernt. Und immer wieder ergeben sich aus den Kontakten zu Kunden und Geschäftspartnern freundschaftliche Beziehungen."

Damit diese Aktivitäten noch lange weitergeführt werden können, halten Marie-Laure und Michel sich fit: beim Wandern und – wie Michel beim Marathon in Mainz eindrucksvoll bewiesen hat – beim Joggen. Wenn die Enkel Zeit dazu lassen, entspannen sich die beiden in ihrer umfangreichen Bibliothek. Neben ENERGETIX ist Literatur ihre große Leidenschaft.

Von der unzufriedenen Verkäuferin zur erfolgreichen selbstständigen Unternehmerin. Solche Entwicklungen sind typisch für die Karriere bei ENERGETIX. Wichtiger noch als der Verdienst wird von den meisten Geschäftspartnern die Entwicklung der Persönlichkeit empfunden. Das gewonnene Selbstbewusstsein ist von unschätzbarem Wert.

Erika Ulrich

Lebensqualität mit Wertschätzung und Anerkennung

Erika Ulrich stammt von einem Berghof in den Schweizer Bergen. Bis zu ihrem 20. Lebensjahr hat sie den Eltern im Sommer auf dem Hof geholfen. Gelernt hat Erika Verkäuferin im Lebensmittelhandel. Bei mehreren Arbeitgebern hatte sie eine Anstellung, aber zufrieden war sie mit ihrem Beruf nicht. Erika fühlte sich als Nummer in einem Räderwerk. Sie erfuhr für ihre anstrengende Arbeit keine Wertschätzung. Es war einfach lieblos, wie die Chefs mit ihr umgegangen sind. Den Druck, der sich da aufgebaut hat, konnte sie auf Dauer nicht ertragen. Obwohl sie noch keinen neuen Job hatte, hat sie die letzte Stelle gekündigt. Es folgten einige Monate der Arbeitslosigkeit, aber das war immer noch besser, als die Situation an ihren bisherigen Arbeitsplätzen.

Besondere Anerkennung durch die Firma: Erika Ulrich auf einer Trainingsreise nach Afrika, der ersten Kategorie eines Wettbewerbs.

Erika wollte es wissen

Auf der Herbstmesse in Zug fiel ihr in dieser Zeit der Schmuckstand von ENERGETIX auf. Ein Armband hatte es Erika besonders angetan. „Wir suchen Leute. Wir sind im Aufbau", sagte der freundliche Mann am Stand, nachdem sie das Armband gekauft hatte. Doch obwohl Erika auf der Suche nach einem neuen Job war, zögerte sie. „Ich möchte nur das Armband." Immerhin hat sie das Informationsmaterial mitgenommen, das man ihr am Stand angeboten hatte: einen Katalog, Broschüren und den Karriereflyer.

Dann, nach zwei Monaten, war der richtige Zeitpunkt für Erika gekommen; der Schmuck war einfach zu schön. Sie rief unter der Nummer an, die auf dem Karriereflyer stand, und bekam sofort einen Termin für ein erstes Gespräch. Zu diesem Zeitpunkt konnte Erika sich noch nicht vorstellen, dass sie jemals in der Lage sein würde, fremde Menschen anzusprechen, um auf das Thema Schmuck zu kommen. „Ich war sehr schüchtern damals", sagt sie heute, „quasi ohne jede Selbstsicherheit." Doch Erika wollte es wissen und deshalb hat sie sich die ersten beiden Homepräsentationen, die ihr Mentor für sie abgehalten hat, sehr genau angesehen. Sie hat geschaut, wie er es macht, sich viel notiert und versucht, so viel wie möglich zu lernen. Nach dem Motto „Wer A sagt, muss auch B sagen" hat sie dann die dritte Präsentation alleine gemacht.

Anerkennung und Wertschätzung: Erika Ulrich will auf die Leichtigkeit in ihrem Leben nicht mehr verzichten.

Plötzlich war der Durchbruch da

Ja, der Anfang war mühsam. Erika hat ihren Bekanntenkreis abtelefoniert, die Familie, die Nachbarn. Auch die Liste aus dem Starterset sollte sich als nützlich erweisen. Irgendwie hat sie schon Zusagen bekommen, aber es war zäh. Und es konnte sogar passieren, dass sie sich auf eine Homepräsentation mit ausreichenden Zusagen gefreut hat, niemand abgesagt hat und trotzdem keiner gekommen ist. Das war hart. Erika hat sehr mit sich gekämpft, aber sie hat weitergemacht.

Und plötzlich war der Durchbruch da: Die erste Weiterbuchung, dann sogar zwei – und so weiter. Von da an war Erika nur noch unterwegs. Es war unglaublich: Die Startschwierigkeiten hatten sich von heute auf morgen völlig in Luft aufgelöst. Heute ist Erika vollberuflich als freie Geschäftspartnerin für ENERGETIX tätig. Jeder Tag ist ausgefüllt mit Messen – Erikas Schwerpunkt –, mit Homepräsentationen, Kundenpflege, Organisation – ENERGETIX ist immer in ihrem Kopf. Mit Erfolg: Sie hat inzwischen ca. 50 Leute für den Job begeistern können, ca. 15 erzielen damit ein schönes zweites Einkommen, manche zusätzlich neben dem Betrieb ihrer Höfe. Erika will ihr Team vergrößern. Denn sie hat gemerkt, dass die Zeit des Tages begrenzt ist. „Und wenn du es wirklich hauptberuflich machen willst, musst du ein Team aufbauen." 10 bis 15 neue Geschäftspartner holt sie pro Jahr neu in ihr Team.

Die Persönlichkeitstrainings waren sehr wichtig

Erika hat sich enorm entwickelt. Sie ist heute eine selbstbewusste Frau, die auf Leute zugehen kann –in der Post, beim Einkaufen, bei jeder Gelegenheit. Aber sie weiß, dass man selbst etwas dafür tun muss, um dahin zu kommen. „Wichtig sind die Trainings. Jeder ist im Leben an einem anderen Punkt. Für mich waren die Persönlichkeitstrainings sehr wichtig." Besonders viel mitgenommen hat sie von den Trainings, die die Spitzentrainer bei den ENERGETIX Events halten: „Mainz, Willingen, Berlin – das war ganz toll. Man kann so viel für die Persönlichkeit lernen." Heute kann sie ihre gewonnene Erfahrung bereits an andere weitergeben. „Es kommt darauf an, die Signale zu erkennen", vermittelt sie ihren neuen Teammitgliedern. „Wenn auf der Messe die Ausstellerin vom Nachbarstand vorbeischaut und ich sehe, dass sie den Flyer vom Thermalbad dabei hat, in dem sie arbeitet, dann spreche ich sie natürlich darauf an. Wir kommen ins Gespräch und ich frage, ob ich demnächst in ihrem Haus im Foyer ausstellen darf. Das ist für beide Seiten interessant und schon habe ich den nächsten Termin."

Toller Verdienst und Wertschätzung gratis

Das Geschäft läuft gut. Erika hat einen Verdienst, den sie in ihrem früheren Leben nicht für möglich gehalten hätte. Aber noch wichtiger für sie ist die Anerkennung, die sie jetzt endlich erfährt. Nicht nur, dass ihr kein Chef mehr im Nacken sitzt, der ihr Vorschriften macht. Nein, Erika fühlt sich frei und sie spürt, dass sie von der Firma, mit der sie arbeitet, geschätzt wird. Sie vertreibt ein tolles Produkt und hat mit begeisterten Kunden zu tun. „Wo sonst kommen Kunden zu einem und sagen Danke? Auf der Straße begegnen einem die Leute mit Freude. Das ist ein ganz tolles Gefühl. Ich kann in einer absolut positiven Umgebung arbeiten und bekomme die Wertschätzung noch dazu. Das ist die Lebensqualität, die ich mir immer gewünscht habe und die ich jetzt mit ENERGETIX erreicht habe. Da arbeite ich gern." Eine besondere Anerkennung erfuhr Erika, als sie sich für die erste Kategorie eines Wettbewerbs qualifiziert hatte: eine Trainingsreise nach Afrika. „Wunderschön, gigantisch, was die Firma da geboten hat!"

Erika hat den Beruf gefunden, der für sie ideal ist. Alles passt, alles ist richtig und gut, wie es ist. Die Karriere, die sie mit dem Designschmuck von ENERGETIX gemacht hat, ist beeindruckend: Von der unzufriedenen Verkäuferin zur erfolgreichen selbstständigen Unternehmerin. Wenn sie die Zeit dazu findet, besucht sie den Bruder, der heute den elterlichen Berghof bewirtschaftet. Erika ist voller Unternehmensdrang und weiß, dass sie es schaffen wird, ihr Team weiter aufzubauen. Auf die gewonnene Leichtigkeit in ihrem Leben will sie nicht mehr verzichten.

Die Tätigkeit bei ENERGETIX steht unter dem Zeichen der Freiheit. Freie Zeiteinteilung, freie Ziele, kein Zwang, keine Umsatzvorgaben. Es liegt an jedem Einzelnen, wie sich die individuelle Karriere entwickelt. Wer unter den Bedingungen eines unfreien Landes aufgewachsen ist und leben musste, weiß diese fantastischen Chancen sicher ganz besonders zu schätzen.

Kerstin Zschäckel

Eine ENERGETIX Karriere in Gera

Kerstin Zschäckel ist in der DDR aufgewachsen. Sie war als Tochter eines Wissenschaftlers kein Arbeiter- und Bauernkind und hatte somit, da die Bildungsmöglichkeiten zentral reguliert wurden, keine Chance, das Abitur zu machen und zu studieren. Also lernte sie Facharbeiterin für Strickerei-Technik, machte ihren Meister und lebte das Leben der werktätigen Bevölkerung.

Nach der Wende: Schönheitsfarm mit Höhen und Tiefen

Dann kam die Wende. Es gab das so genannte Begrüßungsgeld, das Kerstin in die Ausbildung zur Kosmetikerin investierte. Mit ihrer Schönheitsfarm mit vier Angestellten erlebte sie Höhen und Tiefen: Wenn Mitarbeiterinnen sich selbstständig machten, wanderten die Kundinnen mit und der Umsatz ging spürbar zurück. Kerstin musste mit einem Nebenjob hinzuverdienen. Die ersten Erfahrungen, die sie in diesem Zusammenhang mit dem Direktvertrieb machte, waren nicht erfreulich: Die Provisionen kamen unzuverlässig.

Nach dem Powerstart: Kerstin Zschäckel auf Trainingsreise zum Dach der Welt.

Powerstart und Trainingsreise nach Nepal

Das änderte sich mit ENERGETIX. Kerstin hatte soeben ihr neues Studio eröffnet, lernte kurz danach den Schmuck und die Job-Idee kennen und legt einen unglaublichen Start hin: im April 2010 in den Job eingestiegen, im Mai bereits neun Leute im Team. Das bedeutete ihre erste Wettbewerbsqualifikation und eine Trainingsreise nach Nepal. Für Kerstin war diese Reise etwas ganz Besonderes. „Wir sind nach der Wende gereist wie verrückt. Wir hatten ja einiges nachzuholen. Aber diese Wettbewerbsreisen sind noch mal eine ganz andere Kategorie." Heute hat sich Kerstins Einschreibquote auf einem kontinuierlich soliden Niveau von zwei bis drei Neuen pro Monat stabilisiert. „Es bringt auf Dauer nichts, jemanden nur für die Wettbewerbsqualifikation zu gewinnen, sondern man muss ihn in den Verdienst bringen", sagt Kerstin. Inzwischen sind in ihrer ers-

Kerstin Zschäckel zeigt Einsatz, auch in ihrer Freizeit bei Radtouren bis zu 600 km.

ten Linie 20 Marketing Direktoren tätig. Kerstin hat eine entwaffnende Strategie entwickelt, um neue Teammitglieder an den Start zu bringen. Wenn jemand sagt, dass er gerade nicht genügend Geld hat, um Schmuck zu kaufen, schlägt sie ihm vor, doch einfach Gastgeber einer Homepräsentation zu werden und von den 10 % des Umsatzes sein favorisiertes Schmuckstück zu finanzieren. Das Argument zieht. Und vom Gastgeber bis zum Job ist es oft nur ein kleiner Schritt. Oder sie fragt direkt nach der Tätigkeit: „Was machen Sie denn beruflich? Warum können Sie sich den Schmuck nicht leisten?" So manch einer ist überrascht, und Kerstin gelingt es regelmäßig, mit den lukrativen Verdienstmöglichkeiten bei ENERGETIX das Interesse zu wecken.

ENERGETIX – mit zunehmender Tendenz

Kerstin Zschäckel führt ihren Kosmetiksalon heute noch als Ein-Frau-Betrieb und das auch nur an einigen Tagen in der Woche. Für den Rest steht ENERGETIX auf dem Plan – mit zunehmender Tendenz, denn Kerstin ist immer erfolgreicher. Sie fährt inzwischen einen Mercedes aus dem Drive-Programm, auf den sie oft angesprochen wird. „Ist das Ihr Auto?" „Bei ENERGETIX ist dieses Auto kein Druckmittel. Wenn die Zuschusszahlung einmal geringer ausfällt, wird der Rest eben aus der eigenen Tasche bezahlt, aber das Auto bleibt vor der Tür stehen." Auch die Familie blickt mit Anerkennung auf diese Erfolge und steht hinter Kerstins Tätigkeit. Ihr Mann hilft bei jeder Gelegenheit und die Tochter, die die Akademikertradition der Familie wieder hergestellt hat, ist beim Tag der offenen Tür selbstverständlich dabei.

Jeder kann's schaffen – mit Fleiß und Beständigkeit

Fleiß und Beständigkeit – das sind die Tugenden, die das Leben Kerstin Zschäckel verliehen hat und die in ihren Augen für die Selbstständigkeit unabdingbar sind. „Jeder kann's schaffen, aber von nichts kommt nichts", sagt sie, „aber wenn man fleißig ist, bietet ENERGETIX jede Möglichkeit." Bald möchte Kerstin Zschäckel ausschließlich mit dem ENERGETIX Schmuck arbeiten können. Deshalb wird sie ihre Aktivitäten beim Teamaufbau intensivieren. Die Wettbewerbe mit den fantastischen Reisen sind hierfür ein toller Anreiz, denn Kerstin reist immer noch für ihr Leben gern – auch per Rad: Bei Touren bis zu 600 km quer durch Deutschland findet Kerstin Zschäckel die Erholung und Entspannung, um anschließend wieder voll aktiv zu sein, denn sie weiß: „Man muss Einsatz bringen. Der Erfolg kommt nicht automatisch."

„Ist das Ihr Auto?" – Mit Fleiß und Beständigkeit zu Erfolg und Anerkennung.

Durch ENERGETIX können sich Schicksale wenden – mitunter extrem.

Sabine Marthiensen

Freiheit pur –
die Riesen-Chance mit ENERGETIX

Der Start ins Leben verlief nicht so glatt. Die Ausbildung zur Landschaftsgärtnerin sieht Sabine Marthiensen heute als Wende und Befreiungsschlag, der sie aus einem Leben von der Straße holte. Und dass die Kollegen sich gekümmert haben, war auch hilfreich. Glück gehabt, auch wenn nach der Ausbildung niemand die junge Frau in den klassischen Männerberuf übernehmen wollte. Also rein in die Art von Arbeit, in der immer Personalmangel herrscht! Drei Jahre hat Sabine sich mit Jobs in der Gastronomie über Wasser gehalten, unter anderem auf einem der legendären Butterdampfer auf der Ostsee. Zum Schluss dieser Phase hatte sie sogar in Lübeck ihre eigene kleine Kneipe – und 18 Stunden Arbeit am Tag. Das war der Preis für die erste Selbstständigkeit; und es gab erste Erfahrungen mit Personal, das unzuverlässig war oder auch, ganz normal, krank werden konnte. Die große Freiheit war das noch lange nicht.

Dann, nach der Geburt der beiden Kinder, war der Umzug nach Nordrhein-Westfalen notwendig geworden, und Sabine ließ sich zur Reiseverkehrskauffrau umschulen. Diese Arbeit hat ihr sehr viel Spaß gemacht; für Menschen die schönsten Wochen des Jahres zu gestalten und durch den Job auch noch selbst viel von der Welt sehen – was will man mehr? Elf Jahre hat sie die Urlaubsträume ihrer Kunden in einer mittelgroßen Agentur erfüllt, in der sie im Team mit einem Kollegen arbeitete. Doch wieder war sie vollkommen abhängig – selbst mal einen der begehrten Brückentage frei zu bekommen, war fast unmöglich. Ihre Gutmütigkeit wurde ihr wieder zum Verhängnis. Der Gedanke kam: „Die Umstände ändern sich nie – ICH muss selbst etwas ändern."

Zögerlicher Start: Das Geld war entscheidend

Der Übergang in den Job, der sich zu einer nie geahnten Karriere entwickeln sollte, verlief eher zögerlich. Das Produkt, das sie bei einer Präsentation kennenlernen sollte, fand sie okay. Aber Direktvertrieb? Nichts für Sabine. Sie sah darin nicht die geringste Perspektive. Klinkenputzen war ihre Schreckensvorstellung, wo ihr doch eigentlich in dieser Zeit der Neuorientierung eher ein kleines Reisecafé vorschwebte! Bedenken hatte sie auch gegen diese Art der Selbstständigkeit, die für sie noch nicht fassbar und damit zu risikobehaftet war. Erst als die Freundin zu dieser Tätigkeit Ja sagte, wollte Sabine es auch versuchen. Denn die Freundin hatte bereits Erfahrungen im Direktvertrieb. Und zu ihrem guten Gefühl bei ENERGETIX gesellte sich ein wichtiges Argument: 40 % Rabatt. Sabine ist ehrlich: „Die waren entscheidend. Ich wollte das Geld."

Nicht locker lassen, dranbleiben

Dann die erste Homepräsentation. Unerfahren, unsicher, nervös zeigte Sabine den erschienenen Nachbarn den Schmuck. Die Premiere fand ein schnelles Ende: Die Nachbarn standen auf und verließen geschlossen den Raum. Unfassbar! Aber Sabine ließ nicht locker, nahm ihre Telefonliste zur Hand und rief Gott und die Welt an: Freunde, Bekannte, Arbeitskollegen, alle, deren Nummern noch aktuell waren: „Habe einen neuen Job. Bitte, helft mir! Ich muss üben." Einige kamen tatsächlich. Die ersten Präsentationen liefen mit zwei bis drei Gästen, aber Sabine konnte üben.

Ich liebe das Leben! Daran möchte Sabine Marthiensen jeden Tag erinnert werden.

Als eine erfahrene Geschäftspartnerin Sabine dann mit an ihren Event-Stand nahm, änderte sich das Programm schlagartig: Plötzlich waren sie da, die ersehnten Kontakte. Ab da nur noch volle Präsentationen mit zehn, zwölf Gästen. Und Sabine tingelte von Markt zu Markt. Und noch ein Erlebnis war entscheidend: Sabine arbeitete parallel im Reisebüro. 50 Stunden für 400 Euro im Monat. Genau, das sind acht Euro pro Stunde für die qualifizierte Kraft mit 15 Jahren Erfahrung. Eine Inforeise nach Bulgarien stand an. Schon auf die Spur gebracht, hatte Sabine im Flieger ihren Schmuck dabei, und als die Stewardess ihren Kontrollgang beendet hatte, startete Sabine ihre Präsentation. Die Passagiere bissen an; Sabine sammelte Adressen, verschickte nach der Heimkehr ihre Kataloge, telefonierte nach und hatte neue Kunden und neue Gastgeber für die nächsten Präsentationen.

Die Riesen-Chance erkannt und wahrgenommen

„Es funktioniert", stellte Sabine fest. „Ab jetzt liegt es nur noch an dir." Sabine Marthiensen hat ihre Riesen-Chance erkannt, die ihr der Direktvertrieb von Magnetschmuck von ENERGETIX bietet. Und sie hat sie wahrgenommen.

„Ich liebe das Leben!" steht seit Wochen auf der Memo-Tafel in Sabines Küche, auf der sie alles notiert, an das sie erinnert werden will. Wer kann das schon sagen? Aber für Sabine ist das exakt die Antwort, wenn man sie fragt, wie's ihr denn heute so geht mit ENERGETIX. Sabine hat sich für Freiheit entschieden. Und sie hat es geschafft. Wenn sie zurückdenkt und sich bewusst macht, wie sie heute lebt, in welchem Umfeld, mit welchen finanziellen Mitteln, kommt ihr nur ein Wort über die Lippen: unfassbar. Sie lebt heute in einer sehr großzügigen Altbauwohnung, die sie nach ihrem ganz persönlichen Geschmack eingerichtet hat; auch das ein Ausdruck von Freiheit. Ihr Schmuckstück

Füllt heute den Wein nur noch ins eigene Glas und in die Gläser ihrer Gäste: Sabine Marthiensen vor ihrer restaurierten Hobelbank.

ist eine alte Hobelbank, die sie mit einem Bekannten restauriert hat und auf der heute der gute Wein steht, den sie nur noch ins eigene Glas und in die Gläser ihrer Gäste füllt. Nein, sie muss keine Kompromisse mehr schließen. Sabine verdient viel Geld – jeden Monat, sie hat, wie sie sagt, unglaublich tolle Menschen um sich herum, sie erlebt eine kaum vorstellbare Anerkennung von zufriedenen Kunden, dankbaren Geschäftspartnern und auch durch die Geschäftsleitung von ENERGETIX Bingen. In ihrem Team arbeiten ca. 250 Leute. Ca. 15 sind vollberuflich dabei – etwa 150 betreiben die Schmuckberatung als zweites Standbein. „Dabei bin ich gar nicht so der große Einschreiber", sagt Sabine. „Der erste Geschäftspartner ist mir mehr oder weniger zugelaufen und ich war völlig überrascht über den ersten kleinen Scheck." Auch heute noch ist die erste Linie relativ klein, aber darunter „geht die Post ab".

Entwicklung zu einem durch und durch positiven Menschen

Sabine ist lieber unterwegs zu den Events – kreuz und quer durch die ganze Republik. „Ich liebe es", sagt sie. „Für mich ist das Freiheit pur, die ich in keinem anderen

Roadmovie mit Happy End: Sabine Marthiensen liebt es, zu den Events unterwegs zu sein – kreuz und quer durch die ganze Republik.

Job haben kann, schon gar nicht als Frau." Selbst in der Metropole London hat sie schon zweimal auf einem der größten Ladyevents ihre Schmuckkollektion präsentiert. Stoff für ein Roadmovie mit Happy End. Wenn Freunde von früher sie fragen, was los ist mit ihr, sie habe sich so verändert, dann berichtet Sabine von den grandiosen Entfaltungsmöglichkeiten, ihrer ganz persönlichen Entwicklung zu einem durch und durch positiv denkenden Menschen. Jammern über ausverkaufte Kataloge gibt es bei ihr nicht. Wir können doch froh sein, in einem Unternehmen zu arbeiten, in dem eine so starke Nachfrage herrscht! Ein Schmuckstück gerade nicht verfügbar? Ja und? Dann warten wir eben, bis es wieder verfügbar ist, oder wir bestellen ein anderes. Reklamation? Wo ist das Problem? Es gibt ein neues Teil.

Ich will, dass es so bleibt

Sabine empfindet sich als Resonanzboden für gute Geschichten. „Meine Gedanken verbreiten sich", sagt sie. Dementsprechend sind die Leute, mit denen sie zu tun hat, von ihrem Schlag. Die Angst vor der Selbstständigkeit ist komplett verflogen. „Ich muss die Leute nicht bezahlen, sondern bekomme selbst Geld dafür, dass ich mich um sie kümmere. Es gibt keine Lohnnebenkosten, die ich abführen muss; wenn jemand krank wird, muss ich keinen Lohn weiterzahlen. Ich bin praktisch selbstständige Unternehmerin ohne jedes Risiko. Das reine Schlaraffenland. Das gibt's nirgendwo sonst."

Wenn man Sabine fragt, wie es weitergehen soll, kommt nach kurzer Besinnung: „Ich will, dass es so bleibt. Ich habe zwei tolle Söhne, auf die ich sehr stolz bin und mit denen mich ein starkes Band verbindet. Ich bin gesund, ich darf leben, mich um mich selbst kümmern und muss nicht in irgendeiner Tretmühle funktionieren. Diese Freiheit will ich unbedingt beibehalten. Die ist mein höchstes Gut."

TEIL II

GESAMMELTE ERFAHRUNGEN

GESAMMELTE ERFAHRUNGEN

Damit dieses Buch geschrieben werden konnte, haben uns viele Menschen Einblick in ihren Beruf und auch in ihr Leben gegeben. Sie haben es deshalb getan, um anderen Menschen zu zeigen, dass die Tätigkeit mit dem exklusiven Designschmuck mit integrierten Magneten eine ganz besondere berufliche Alternative sein kann. In diesem zweiten Teil des Buches haben wir die *Erfahrungen der interviewten Geschäftspartner** zusammengetragen, die Ihnen bei Ihrem Start behilflich sein können.

Die Erfahrungen, die von den ENERGETIX Geschäftspartnern seit Gründung des Unternehmens 2002 gemacht wurden, sind von unschätzbarem Wert für jeden Einzelnen – für die alten Hasen und ganz besonders für die Neuen. Zum Selbstverständnis aller Partner gehört es, diese Erfahrungen weiterzugeben. Der Erfahrungsaustausch, das Lernen voneinander prägen und bestimmen die Atmosphäre im Unternehmen und unter den Geschäftspartnern. Jeder ist für den anderen da. Aus diesem Prinzip resultiert das menschliche und herzliche Klima, das zur Identität des Unternehmens gehört. Diese Stimmung nimmt auch der Kunde wahr und lässt ihn sich in „seinem Unternehmen" aufgehoben fühlen.

Viele der gemachten Erfahrungen werden in diesem Buch beschrieben. Sie sind Teil der Erfolgsgeschichten, die hier geschildert werden – ausprobierte, auf ihr Funktionieren hin überprüfte und vielfach eingesetzte Rezepte, wenn man so will. Wer neu einsteigt, kann aus diesem Erfahrungsschatz schöpfen und ihn sich zu Nutzen machen.

Die Tipps und Empfehlungen ersetzen nicht das Durchlesen des Beraterhandbuchs. Wie jedes Handbuch sollten Sie es zumindest in der Startphase ständig „zur Hand" haben. Zusammen mit dem Training on the Job mit Ihrem Mentor und der Unterstützung durch den Customer Support in der Zentrale in Bingen bietet sich Ihnen ein rundes Start-Konzept, mit dem Sie den Einstieg in Job, Beruf oder Karriere schnell schaffen werden. Demnächst können Sie dann von den Trainings der ENERGETIX Erfolgsakademie und bei den Events profitieren, zu denen wir regelmäßig hochkarätige Trainer engagieren. Doch jetzt sollten Sie loslegen, wie es vor Ihnen schon Tausende Geschäftspartner in aller Welt mit Erfolg getan haben. Der einfachste Weg: *einfach den Schmuck tragen.*

* Die redaktionell bearbeiteten Zitate der Geschäftspartner sind im folgenden Text besonders *kenntlich gemacht.*

Einfach starten

Den Geschäftspartnern der ersten Stunde blieb gar nichts anderes übrig, als einfach zu starten. Es gab nur den ersten fantastischen Schmuck, aber es gab keinen Katalog, keine Unterlagen, keinen Banner – nichts außer der Begeisterung und der Überzeugung, dass die geniale Kombination von Designschmuck und Magnetkraft zum Erfolg verurteilt ist. Also haben sie *einfach angefangen. Improvisation* war angesagt: Der erste „Katalog" wurde zusammengetackert. Und es hat funktioniert. Deshalb kommt heute der Rat aus Überzeugung: *Einfach nur tun, denn man lernt mit dem Tun.*

Das Agieren auf drei boomenden Wachstumsmärkten ist geblieben: Schmuck, Wellness und Direktvertrieb. Hinzu gekommen ist ein komplettes System, das die Arbeit der Geschäftspartner bis ins Detail unterstützt. *ENERGETIX liefert die fertige Existenz. Das Einzige, was man selbst noch beisteuern muss: Du musst aktiv werden.*

Heute wird der neue Geschäftspartner bei den ersten Schritten grundsätzlich von seinem Mentor begleitet mit einem Training on the Job. Bei vielen Tausend Geschäftspartnern kann es schon mal zu einer Ausnahme kommen. Das sollte eigentlich nicht sein, kann aber passieren und macht deutlich, dass der Start sogar ohne Mentor klappen kann. So ist eine Geschäftspartnerin spontan *alleine und nur nach dem Beraterhandbuch* mit der ersten Homepräsentation gestartet, weil sie nicht drei Wochen warten wollte, bis ihr Mentor aus dem lang geplanten Urlaub zurück ist. Schon ihre erste Schmuckpräsentation war ein voller Erfolg. Eine andere Partnerin, die einen Geschenkartikelstand auf dem Markt betrieb, hat den Schmuck einfach ihrem bestehenden Sortiment hinzugefügt und sofort festgestellt, *dass das Geldverdienen auch mit einem relativ kleinen Stand mit ENERGETIX doch sehr einfach geht. Man muss am Anfang nicht alles wissen.* Es reicht, wenn man die *Einzelheiten nach und nach kennenlernt.* Eine heute besonders erfolgreiche Geschäftspartnerin hat *zunächst eine Reihe an Trainings absolviert*, bevor sie sich sicher genug fühlte, ihre erste Präsentation zu machen; auch das ist legitim, wenngleich die Partnerin heute auch den Schnellstart wagen würde, da sie neben dem beruflichen Erfolg auch in ihrer Persönlichkeit eine enorme Entwicklung gemacht hat und sehr viel selbstsicherer geworden ist.

Der Rat, den Job einfach mal auszuprobieren, ist leicht zu befolgen, zumal der Start *durch die minimalen Einstiegskosten nahezu ohne jedes Risiko* ist. Falls es aus irgendeinem Grund doch nicht zu einer Zusammenarbeit kommt, *gibt man den Schmuck,* den man in der Zwischenzeit eventuell bestellt hat, um ihn auf Präsentationen und Events zeigen zu können, *einfach zurück. Niemand bleibt auf seiner Ware sitzen.*

Sich selbst ein Bild machen.

Dass sich ein Geschäftspartner von ENERGETIX nach nur 30 Sekunden entschieden hat einzusteigen, ist sicherlich der bisherige Rekord in der gesamten Branche, hat sich aber durch den bis heute andauernden großen Erfolg des Betreffenden als richtig erwiesen. Es kann genauso gut sein, dass man nach zwei, drei Monaten den Flyer wieder zur Hand nimmt, den man mal auf einer Messe eingesteckt hat, und plötzlich wird aus einem Anfangsinteresse ein erster Kontakt, der sich schließlich zu einer imposanten Karriere entwickelt. Egal, wie lange man überlegt, man sollte *sich in jedem Fall selbst ein Bild machen.* Es gibt in solchen Situationen häufig jemanden, der – aus welchem Grund auch immer – sagt: Das wird nichts. *Auf gar keinen Fall sollten Sie sich von Menschen beeinflussen lassen, die weder Ahnung vom Direktvertrieb und schon gar nicht von ENERGETIX haben. Schaut es Euch an, ob das was für Euch ist,* lautet der grundsätzliche Rat eines erfahrenen Mentors. Immer wieder erweist es sich als große Entscheidungshilfe, *sich das Unternehmen selbst anzusehen und sich so schnell wie möglich bei einem Besuch in Bingen selbst ein Bild von der Atmosphäre innerhalb des Unternehmens, der Verlässlichkeit und Herzlichkeit der Menschen zu machen.*

Zweimal im Jahr findet ein Wettbewerb statt, dessen dritte Kategorie speziell für die Newcomer ausgestattet ist. Das heißt leichte Anforderungen, um die Kategorie zu erreichen, und ein spezieller Inhalt, der mit Training und Rahmenprogramm die Startsituation der Neuen berücksichtigt. Nehmen Sie am nächsten Wettbewerb teil und besuchen Sie ENERGETIX in Bingen. Dann wissen Sie, mit wem Sie es zu tun haben und dass tatsächlich *alles echt* ist.

Vergleichen mit anderen Direktvertriebs-Unternehmen

Einige unserer Geschäftspartner haben Erfahrungen mit anderen Unternehmen der Branche. An dieser Stelle soll keine umfassende Analyse der Unterschiede erfolgen. Es soll auch ausdrücklich gesagt werden, dass jedes erfolgreiche Konzept seine Berechtigung hat, wenn es sich im Rahmen der Ethik-Regeln bewegt, die die Verbände des Direktvertriebs formulieren. Wir wollen lediglich die besonderen Punkte herausstellen, die unsere Interviewpartner bei der Recherche zu diesem Buch spontan geäußert haben und die für die Entscheidung, bei ENERGETIX einzusteigen, wichtig sein könnten.

Eine Partnerin bringt es auf den Punkt: *Produktsortiment, Vergütungsplan und Arbeitsbedingungen bringen Geschäftspartnern von ENERGETIX einen klaren Vorsprung auf dem Weg einer erfolgreichen Karriere.*

Die Fakten:

- Das Produkt: exklusiver Designschmuck mit integrierten Magneten. Das richtige Produkt zur richtigen Zeit! So lautet das Urteil einer Geschäftspartnerin, die nach 25 Jahren im Direktvertrieb vor zwei Jahren zu ENERGETIX gestoßen ist. Das Produkt spricht für sich selbst und ist so gut wie nicht erklärungsbedürftig.

- Der Vergütungsplan: Die Geschäftspartner berichten von 27, 20, gar 3 % Gewinnspannen, die mitunter jeden Monat neu erarbeitet werden müssen. Auch der Teamaufbau kommt bei einigen Unternehmen schlecht weg, weil z. B. erst ab dem sechsten gewonnen Mitglied die Provision greift oder weil das bloße Einschreiben neuer Partner und nicht der Verkauf an den Endkunden belohnt wurden.

- Arbeitsbedingungen: Dieser Punkt erregt bei Mitarbeitern und Geschäftspartnern von ENERGETIX die größten Irritationen. Kaum vorstellbar, dass nach strengen Verhaltensregeln gearbeitet wird, die so weit gehen können, dass der Erfahrungsaustausch unter Geschäftspartnern verboten wird. Allein der Umsatz zählt; der Mensch tritt in den Hintergrund. Zu umfangreiches, zu erklärungsbedürftiges Produktsortiment, kaum etwas verdient, Arbeitsstimmung auf dem Nullpunkt – so lassen sich die geschilderten Fremderfahrungen zusammenfassen.

Die ENERGETIX Welt sieht anders aus. Machen Sie sich Ihr Bild!

Vergleichen mit klassischer Selbstständigkeit

Mach's einfach!

In Selbstständigkeit zu arbeiten, kann man schnell lernen. Der Job mit dem exklusiven Designschmuck ist deshalb für jeden interessant, auch wenn er bisher in einem abhängigen Arbeitsverhältnis beschäftigt war und sich nicht um unternehmerische Aufgaben kümmern musste. Wer bereits ein eigenes Unternehmen geführt hat, der blickt oft ungläubig auf die Bedingungen, unter denen er jetzt sein Geld verdienen kann und fragt sich nicht selten: ***Warum hab ich das nicht schon eher gemacht?***

Abhängigkeit von der Auftragslage, Konkurrenzdruck, Lohnnebenkosten, Lohnfortzahlung, Berufsgenossenschaft – die Schlagworte sind zahlreich, mit denen Unternehmer die Problematik ihrer Existenz beschreiben – ***Investitionsstau, Zahlungsausstände, Vorfinanzierung*** mal nicht mitgerechnet. Dass die ***Arbeitszeit*** bei einem Selbstständigen schon mal ***18 Stunden*** betragen kann – auf Dauer, wohlgemerkt – ist z. B. in der Gastronomie keine Seltenheit. Auch die ***körperliche Belastung*** kann groß, zu groß sein, wenn Bauelemente auf die Baustelle geschleppt und bei zugigem, kalten Wetter montiert werden müssen. Für den Handwerksmeister, der im eigenen Betrieb mitarbeitet, gehört das zum Alltag. Wer macht sich schon Gedanken darüber, dass *in einem schicken Friseursalon vier Monate Flaute* herrscht – jedes Jahr zuverlässig zur selben Zeit? Sich über Wasser halten, lautet dann die Devise.

Wenn Ihnen all diese Begriffe vertraut sind, dann streichen Sie sie ganz einfach, wenn Sie die Selbstständigkeit mit ENERGETIX wählen. *Absolut keine Kosten am Bein* – salopp, aber wahr. Und *absolut konstantes Geschäft* – so die Erfahrung eines Geschäftspartners, der seinen florierenden Meisterbetrieb gegen das Geschäft mit dem Schmuck eingetauscht hat. Zumindest sind nur Sie es, die für das konstante Geschäft verantwortlich sind, und nicht das Auf und Ab der Wirtschaft mit der entsprechend schwankenden Auftragslage. Gewöhnen Sie sich daran, keine zeitraubenden Angebote mehr abgeben zu müssen, die dann vielleicht doch knapp über dem der Konkurrenz liegen. Und entspannen Sie sich: Das *Geld ist pünktlich zu Beginn des Monats auf Ihrem Konto*, ohne dass Sie es angemahnt haben.

Risiko wie eine Unternehmerin, Pflichten wie eine Angestellte, null Freizeit – so fasst eine Geschäftspartnerin die Situation zusammen, die sie *als Franchise-Nehmerin* erleiden musste, bevor sie zu ENERGETIX kam. Bei den permanenten Kontrollen fühlte sie sich *kommandiert wie ein Lehrling*. Heute gestaltet sie ihre Selbstständigkeit nach ganz individuellem Zuschnitt und genießt endlich das erfolgreiche Leben der *selbstständigen* und im wahrsten Sinne des Wortes *freien Unternehmerin – ohne jedes Risiko*.

Voll einsteigen oder mit dem 2. Standbein

Ein bestimmender Aspekt der Tätigkeit als Geschäftspartner von ENERGETIX taucht in den Erfahrungsberichten immer wieder auf und wird von verschiedenen Seiten beleuchtet: die große Freiheit der Gestaltungsmöglichkeit. *Freiheit ist ein großes Ding. Man kann vollkommen unabhängig arbeiten und die Arbeitszeit selbst einteilen.* Es gibt keinen Druck von Seiten des Unternehmens, keine Vorgaben, nur Motivation. *Alles geht, nichts muss.* Mit welchen Zielen, mit welcher Intensität der Partner ans Werk geht, ob vormittags, nachmittags oder abends, entscheidet ausschließlich er selbst. Der Job ist deshalb hervorragend geeignet für all diejenigen, die parallel zu einer bestehenden Beschäftigung ein zweites Standbein suchen.

Die Beweggründe hierfür können unterschiedlich sein. Eine französische Fachzeitschrift für den Direktvertrieb trägt den Titel „*Damit die letzten Tage des Monats etwas leichter fallen*" und formuliert damit den Wunsch einer steigenden Zahl von Arbeitnehmern, *durch einen zusätzlichen Job etwas mehr Geld in die Haushaltskasse zu bekommen*. Das Budget soll den gestiegenen Ausgaben zeitweise oder auf Dauer angepasst werden.

Verbreitet ist auch das Beschäftigungsmodell, grundsätzlich mehreren Tätigkeiten nachzugehen, um ein eventuelles *Ausfallrisiko auf mehrere Säulen zu verteilen.* Die Sicherheit einer langjährigen Arbeit beibehalten und trotzdem auf einem neuen Gebiet ein zusätzliches Einkommen erzielen, lautet die Devise. *Da weiß man, was man hat.*

Und oft taucht der Wunsch auf, beruflich mal etwas Neues auszuprobieren, weil man im erlernten Beruf an Grenzen stößt oder ganz einfach die Nase voll hat. Da ist ein kontinuierlicher Übergang ideal: Den alten Beruf peu à peu aufgeben und mit gleicher Dynamik in den neuen einsteigen. Die Strukturen bei ENERGETIX bieten auch hierfür ideale Voraussetzungen.

ENERGETIX mit dem zweiten Standbein zu betreiben, bedeutet übrigens nicht zwangsläufig die Beschränkung auf ein kleines Nebeneinkommen. Der Teilzeit-Job kann durchaus schnell *mehr sein als nur ein netter Zusatzverdienst.* Der errechnete Stundenlohn besteht den Vergleich selbst mit Tätigkeiten, die höchste Qualifikation erfordern. Voraussetzung ist, *dass man etwas dafür tut.*

Das gilt natürlich auch und in besonderem Maße für den Fulltime-Job, wenngleich auch hier *Freiheit und Spaß den Arbeitstag bestimmen.* Und immer erweisen sich diejenigen als besonders erfolgreich, die den Job *just for fun* ausüben. Denn in dieser Spielart fällt es leicht, *dass der Job den ganzen Tag bestimmt, auch während der Freizeit und sogar im Urlaub. Total ausgelastet* zu sein, ist dann plötzlich kein Manko mehr. Oder um es mit Konfuzius auszudrücken: *Finde einen Job, den du liebst, und du wirst nie wieder arbeiten müssen.* Und wenn man sieht, *wie leicht hier Geld verdient werden kann, kann das System ENERGETIX geradezu süchtig machen.*

Aber keine Angst: Wenn dieser totale Einsatz nicht Ihr Ding ist, werden Sie ebenso erfolgreich sein können. Die strikte *Trennung zwischen beruflicher und privater Sphäre* ist für viele Geschäftspartner selbstverständlich. Auch wer in seiner Freizeit seine Mitmenschen nicht auf den Schmuck ansprechen möchte, kann die volle berufliche Auslastung erreichen mit dem entsprechenden Verdienst. Wichtig ist es, *mit Fleiß und Beständigkeit zu arbeiten. Dann kann es jeder schaffen. Kontinuierlich zu arbeiten und mit Disziplin am Ball zu bleiben*, ist ein sicheres Erfolgsrezept. Motivation kommt automatisch, wenn Sie *Ziele formulieren und das Erreichen dieser Ziele mit strukturierter Planung angehen.* Planen Sie den Tag, die Woche und den Monat und zwar ganz konkret. Sie müssen nicht jeden Tag mit Arbeit ausfüllen. Aber je mehr Zeit Sie investieren, desto erfolgreicher werden Sie sein.

Der Unterschied zu jedem anderen Beruf ist die Freiheit, mit der Sie Ihr Leben gestalten. Wenn Sie wollen, beginnen Sie den Tag mit dem Joggen, bevor Sie im Büro den Computer einschalten. Je mehr Kontakte Sie nachverfolgen, desto mehr Schmuckpräsentationen werden Sie haben. Es liegt an Ihnen, wie gefüllt Ihr Arbeitstag ist. Das **Einkommen**, das Sie erreichen, ist *absolut leistungsbezogen*. Sie allein definieren Ihre Arbeitszeit und Sie allein legen die Zeit für den Urlaub fest. Viele Geschäftspartner haben die Erfahrung gemacht, dass es Sinn ergibt, die Aktivitäten nicht zu lange abreißen zu lassen. Also lieber mehrmals im Jahr zwei Wochen Urlaub, als einmal einen Monat oder länger auszusetzen. Bleiben Sie im Rhythmus, wie beim Ausdauersport, und lassen Sie den Kontakt zu Kunden und Teammitgliedern nicht abreißen. Nach zwei Wochen Abwesenheit bringen Sie sich und das Thema Magnetschmuck mit einem kurzen Telefonat auf leichte und sympathische Art in Erinnerung. Nach längerer Abwesenheit haben Sie sich aus dem Rhythmus gebracht und müssen sich mehr anstrengen, um an Ihre gewohnten Erfolge anzuknüpfen. Übrigens: den Kontakt zu Kunden und Team können Sie bei heutigem Stand der Kommunikationstechnik auch aus dem Ferienhaus halten – egal, auf welcher Insel es steht. Ein lohnendes Ziel, das etliche Geschäftspartner für sich formuliert und einige bereits erreicht haben.

Zweigleisig fahren: Schmuckverkauf und Teamaufbau

Wenn man mit Externen über den Direktvertrieb redet, dann kommt häufig der Satz: „Ah, so etwas mit Homeparty und so?" Ja, so ähnlich jedenfalls. Es gibt sie noch, die klassische Homeparty, aber zumindest bei ENERGETIX trifft der Begriff kaum noch die aktuelle Realität. Beim Schmuckverkauf im Freundes- und Bekanntenkreis wird nicht unbedingt gefeiert, obwohl die Stimmung durchweg toll ist. Aber nach kurzer Einarbeitung des neuen Geschäftspartners weitet sich der Kreis der Interessenten aus. Es macht geradezu Sinn, *den engeren Bekanntenkreis so schnell wie möglich zu verlassen, um in größere, grenzenlose Interessentenkreise* zu gelangen. Da geht es trotz entspannter Atmosphäre nicht unbedingt ums Partymachen. ENERGETIX redet deshalb lieber von der Schmuckpräsentation. Diese Schmuckpräsentation bei einer Gastgeberin oder einem Gastgeber ist eine der beiden Säulen Ihrer Tätigkeit. Ihr Mentor wird Ihnen vormachen, wie einfach es funktioniert – oder besser gesagt: Er wird Ihnen eine der vielen Möglichkeiten zeigen, wie es funktionieren kann. Denn nach kurzer Zeit werden Sie Ihre ganz persönliche Art der Schmuckpräsentation entwickelt haben, die genau zu Ihnen passt und mit der Sie am erfolgreichsten arbeiten können. Wichtige Tipps stehen dazu im Beraterhandbuch. Im Übrigen können Sie ganz entspannt zur Tat schreiten, denn Sie können nichts falsch machen. *Einfach Mensch sein, greifbar sein, sich nicht verstellen*, wie es eine sehr erfahrene und erfolgreiche Geschäftspartnerin rät. *Authentisch sein und nicht versuchen, eine Rolle zu spielen*. Gerade für den Anfang ist es gut zu wissen, *dass keiner perfekt sein muss. Perfektionismus schreckt eher ab.*

Der Begriff Homeparty trifft auch aus einem anderen Grund nicht mehr den Zeitgeist: In unserer Gesellschaft gibt es immer mehr Singlehaushalte – mit zunehmender Tendenz. Viele Menschen sind in ihren Appartements gar nicht mehr dafür ausgestattet, für ein paar Stunden acht bis zwölf oder auch mehr Gäste zu empfangen, wie es für eine Schmuckpräsentation ideal wäre. Sie finden den Schmuck toll, sind von Ihrem Vorschlag begeistert, gegen ein Präsent bei sich zu Hause den Schmuck zeigen zu lassen, haben aber einfach nicht genügend Platz und Sitzgelegenheiten. Wenn dann ein Nein kommt, geht das nicht gegen Sie oder gegen die Idee, sondern entsteht aus der Raumsituation. Die Konsequenz kann nur sein, sich neben der klassischen Präsentation, die in der Wohnung des Gastgebers stattfindet, Alternativen zu überlegen. Ihr Mentor wird Ihnen die zahllosen Möglichkeiten aufzeigen, bei denen Sie mit dem exklusiven Designschmuck mit integrierten Magneten auf ein hoch interessiertes Publikum treffen werden.

Je mehr Zeit Sie investieren, je aktiver Sie agieren, desto mehr Termine werden in Ihrem Kalender stehen. Wenn Sie wollen, können Sie jeden Tag der Woche mit Präsentationen ausfüllen. Entsprechend wird Ihr persönliches Umsatzvolumen steigen und Ihr Verdienst, den Sie durch den Verkauf des Schmuck erzielen. Aber **der Tag hat nun einmal nur 24 Stunden** – und die werden Sie nicht ausschließlich in Ihrem Beruf verbringen wollen. Das bedeutet, dass Ihr Verdienst an die Grenzen Ihrer eigenen Leistungsfähigkeit stoßen wird. Nahezu grenzenlos kann sich Ihre Einkommenssituation entwickeln, wenn Sie in Ihrem Beruf zweigleisig fahren und neben dem Schmuckverkauf den Aufbau eines Teams in Angriff nehmen. **Das Einschreiben** – also das Gewinnen eines neuen Geschäftspartners – **ist genauso wichtig wie der Verkauf.** Beim Schmuckverkauf entsteht Ihr Verdienst durch den Verkauf des Schmucks an den Endkunden. Beim Teamaufbau werden Sie belohnt, weil Sie die Mitglieder in den Job einweisen und auf dem weiteren Karriereweg betreuen. In gleicher Weise, wie Sie beim Start in den Job von Ihrem Mentor lernen, geben Sie Ihr Wissen und Ihre Erfahrungen an neue Interessenten weiter. **Das, was man selbst weiß, gibt man weiter.** Das Prinzip lautet: **vormachen – nachmachen. Der Neue muss sehen, wie einfach das Geschäft funktioniert**, so wie Sie es gerade zu Beginn Ihrer Tätigkeit erleben. **Du musst in diesem Geschäft vorleben**, lautet eine zentrale Regel. **Nur so erreichst du die erforderliche Dynamik.**

Beim Teamaufbau gilt das gleiche Gesetz wie beim Schmuckverkauf: Je mehr Zeit Sie investieren, desto größer wird Ihr Erfolg. Auch beim Teamaufbau müssen Sie **am Ball bleiben, kontinuierlich. Man muss die Leute begleiten. Man muss dabei sein, dann geht der Umsatz rauf**, dann steigt auch Ihr Einkommen. Leider gilt auch der Umkehrschluss: Wenn Sie nachlassen, sinkt Ihr Einkommen. Beim Schmuckverkauf merken Sie es sofort; bei den Teamaktivitäten mit einer gewissen Verzögerung.

Aber so weit muss es nicht kommen, denn Teamaufbau und Teambetreuung machen Spaß, wie Sie sehr schnell feststellen werden. Spaßfaktor Nr. 1 lässt sich in Zahlen ausdrücken: Der monatliche Scheck wird immer größer, je mehr Ihre Teamaktivitäten greifen. Spaßfaktor Nr. 2: Sie erleben Menschen, die durch Ihre Unterstützung glücklich werden, weil sie in einem fantastischen Job Fuß fassen. Sie werden sehr viel Dankbarkeit erfahren. Bereiten Sie sich auf viele neue Freundschaften vor, so jedenfalls die Erfahrung fast aller Geschäftspartner von ENERGETIX.

Kontakte knüpfen

Direktvertrieb ist *Persönlichkeitsgeschäft*. Ihr Einsatz ist gefragt. Ohne Sie geht es nicht. Ein Kontakt, eine Schmuckpräsentation, jeder einzelne Verkauf, die Gewinnung eines neuen Teammitglieds, all das kommt nur zustande, wenn am Anfang Ihre Aktivität den Impuls gibt — immer wieder. Die erste und einfachste Aktivität ist, *den Schmuck selbst zu tragen*. Man wird Sie auf den Schmuck ansprechen und Sie fragen, wo man so etwas kaufen kann. Wie Sie selbst auf Leute zugehen, wie Sie das Gespräch auf den Schmuck und auf die Job-Idee bringen, dazu enthalten die Geschichten in diesem Buch zahlreiche Beispiele. Dabei haben sich die unterschiedlichsten Methoden bewährt. Die Bandbreite ist so groß, dass eines mit Sicherheit feststeht: Auch Sie werden Ihre Methode finden — ganz individuell, wie sie Ihrer Persönlichkeit entspricht. Diese Methode kann sich im Laufe der Zeit modifizieren, erweitern oder plötzlich völlig verändern. Probieren Sie es einfach aus. Es gibt viele Geschäftspartner, die haben *von morgens bis abends ENERGETIX im Kopf, jeden Tag*. Entsprechend intensiv fällt ihre Kontaktsuche aus: Sie lassen keine Gelegenheit aus, auch nicht in der Freizeit oder im Urlaub. In der Schlange an der Supermarktkasse, im Flieger, im Wartezimmer, im Theaterfoyer, im Restaurant ... Diese Partner haben sich für den totalen Einsatz entschieden, und man muss sagen, dass sie damit sehr erfolgreich sind.

Für den Anfang ist die *Kontaktliste mit Freunden, Bekannten und Verwandten ein ideales Hilfsmittel*, um auf das Produkt und den neuen Job aufmerksam zu machen. Fast alle Geschäftspartner starten so. Aber auch hierzu gibt es Ausnahmen, die zum Erfolg geführt haben. Zwei Beispiele seien hier erwähnt: Eine Geschäftspartnerin war durch ihren alten Beruf jahrelang zeitlich so in Anspruch genommen, dass schließlich kein Freundes- und Bekanntenkreis mehr existierte, auf den sie hätte zurückgreifen können. Sie wollte ihr Geschäft trotzdem starten. Also ist sie in irgendeinen Friseursalon gegangen, in dem sie nicht einmal Kundin war, hat kurz den Schmuck vorgestellt und gefragt, ob sie im Salon eine Präsentation machen könne. Um das Ergebnis vorwegzunehmen: Es ist nicht bei dieser einen Präsentation geblieben, sondern wegen des großen Erfolges und weil nicht alle Kundinnen Platz gefunden haben, gab es eine zweite Auflage der Salon-Präsentation. Eine andere Geschäftspartnerin wechselte den Wohnsitz und zwar nicht nur in ein anderes Land, sondern auch von der Großstadt in ein kleines Dorf, also in völlig andere Bedingungen. Der Neustart war nicht einfach, aber sie blieb am Ball. Dass ausgerechnet ein Almabtrieb den

Durchbruch in der neuen Heimat brachte, ist schon kurios, zeigt aber, wie unvorhergesehen die Entwicklung des Geschäfts laufen kann. Während Hunderte geschmückter Kühe im Klang der Glocken an ihr vorbeigetrieben wurden, machte sie einen fantastischen Umsatz und fand unter den zahlreichen Besuchern viele neue Kontakte. *Alles ausprobieren: Messen, Vereine, Events, Feste* – so lautet heute die Empfehlung der Geschäftspartnerin an alle Kollegen, die noch Platz im Terminkalender haben.

Nicht bei jeder neuen Bekanntschaft sofort über den Schmuck oder über den Job reden – auch das ist eine klassische Profi-Empfehlung. Andere Partner verlassen sich auf ihre *Intuition* und kommen sofort zum Thema, wenn das *Bauchgefühl* sagt, dass es etwas werden könnte – wenn eine Verkäuferin hinter der Ladentheke oder eine Bedienung im Café *zu erkennen gibt, dass sie mit Leidenschaft dabei ist, dann ist sie erkennbar auch für den Job mit exklusivem Designschmuck prädestiniert*.

Als höchste Kunst der Kontaktaufnahme bezeichnet eine Geschäftspartnerin ihre Methode, die sie als *Stärkung der Kontaktmuskeln* bezeichnet: Das Ansprechen fremder Menschen in der Fußgängerzone. Nach der Frage, ob man die betreffende Person einmal ansprechen dürfe, folgt der simple Satz: „Sie sind mir aufgefallen." Dann nennt sie den Grund des Gesprächs: „Ich dachte, jemand wie Sie würde ins Team passen." Die Methode funktioniert hervorragend. Das Geheimnis ihres Erfolges ist die absolute Ehrlichkeit. Die Freundlichkeit ist nicht gespielt und das echte Interesse an der Person resultiert aus dem beobachteten Outfit oder der allgemeinen Ausstrahlung. Viele Geschäftspartner trainieren ihre Kontaktmuskeln auf diese Weise und gewinnen dadurch sofort viele neue Kontakte – ein Meilenstein bei der Verfolgung der gesetzten Ziele.

Ziele setzen

Mach's einfach!

Ist Ihnen schon einmal in einem Büro, beim Anwalt, Steuerberater, in der Bank, in einer Praxis aufgefallen, dass ein kleiner roter Ferrari im Regal oder sogar auf dem Schreibtisch steht? Es kann auch das Modell einer Harley Davidson sein oder einer Yacht. Es mag Ihnen wie ein deplatziertes Spielzeug in der Arbeitswelt des Experten vorkommen, dessen Dienste Sie gerade in Anspruch nehmen. Vielleicht sitzen Sie aber auch einer Person gegenüber, die nach einem Motivationstraining den Rat befolgt hat, sich ein Ziel zu setzen und dieses Ziel auf irgendeine Art zu visualisieren. Untersuchungen haben ergeben, dass Menschen, die ihren Herzenswunsch, ihren Traum auf diese Weise visualisieren, eine deutlich größere Chance haben, ihr Ziel zu erreichen als die Vergleichsgruppe, die diesen kleinen Trick nicht anwendet.

Sich Ziele zu setzen, sich zu motivieren ist das A & O. Das kann ein kleines Ziel sein, etwa die *500 Euro, als Umsatz-Monatsziel auf einen Bierdeckel notiert* – auch das eine Visualisierung – oder es kann ein großes Ziel sein: ein Haus, die Finca in Spanien, die Ausbildung der Kinder oder Enkel. Dabei muss es sich nicht unbedingt um ein materielles Ziel handeln. **Was bedeutet für dich Glück?**, lautet zum Beispiel die Frage eines erfahrenen Trainers. Erfolg kann auch heißen, dass man **sein Leben so lebt, wie man es möchte**. Ob Sie ein materielles Ziel haben oder ein ideelles, ob Sie es spielerisch formulieren oder professionell, wie bei **Projektmanagement, das Ziele definiert und strukturierte Strategien entwickelt**, um diese zu erreichen – wichtig ist, dass Sie erkennen: **Nur wer ein Ziel hat, schafft es.**

Große Ziele erreicht man leichter, wenn man kleine Schritte über Zwischenziele macht, sagt Franziska van Almsick. Oder wie es eine Geschäftspartnerin ausdrückt: **Die Eigenmotivation funktioniert am besten, wenn man sich greifbare Ziele setzt.** Sie werden es selbst erleben: Die Formulierung von Zielen setzt ungeahnte Kräfte frei. **Wenn du ein Ziel hast, gibst du alles, um es zu erreichen**, so schildert eine Geschäftspartnerin ihre ganz konkrete Erfahrung. Es ging um ein Reiseziel innerhalb eines ENERGETIX Wettbewerbs, das schon immer eine große Faszination auf sie ausgeübt hat, das sie aber aus Kosten- und Zeitgründen nie erreichen konnte. Jetzt war es plötzlich greifbar. Sie hat alles gegeben, um an dieser Reise teilnehmen zu können. Und sie hat es geschafft, weil sie ein Ziel hatte. Für die Geschäftspartnerin war es übrigens der Start in den Teamaufbau. Sie hat sich in die Dynamik des Unternehmens fallen gelassen, hat am Wettbewerb teilgenommen, neue Mitglieder für den Job begeistert und sich eigentlich ganz nebenbei die zweite Säule der Tätigkeit als selbstständiger Geschäftspartner von ENERGETIX erschlossen, den Aufbau eines Teams. Heute sind der weitere Ausbau des Teams und die permanente Betreuung der Mitglieder für sie selbstverständlich.

Sich in die Dynamik des Unternehmens fallen lassen, mit Aktivität die fertige Existenz ausfüllen, die ENERGETIX bietet – die Teilnahme an den Wettbewerben ist ein wichtiger Bestandteil dieser Aktivität. Zweimal im Jahr gibt es die Wettbewerbe mit Trainingsreisen zu den angesagtesten Reisezielen. Hinzu kommt der Wettbewerb zum Kataloglaunch, der Ihre Teilnahme bezuschusst. Sie reisen zu einem fantastischen Event, bei dem die neue Kollektion vorgestellt wird, und erhalten dort allein schon durch die Atmosphäre, aber auch durch die hochkarätigsten Trainer zusätzliche Motivation für ein ganzes Jahr. Sie werden ganz schnell feststellen: Wenn Sie sich auf die Dynamik des Unternehmens einlassen, gewinnt Ihr Job, Ihre Karriere ganz schnell an Fahrt.

Zurück zum kleinen roten Ferrari: Es muss ja nicht unbedingt ein solcher Bolide sein, der die Frequenz Ihres Herzschlags in die Höhe treibt. Wir haben gesehen, dass es ein Reiseziel sein kann. Vielleicht der Besuch eines sehr guten Restaurants, ein neuer Computer, eine Premiere bei einem Festival, monatlich 500 Euro mehr in der Haushaltskasse – was auch immer. Die Zahl der Farbtupfer auf der Wunsch- und Zielpalette ist unendlich. Zum Programm des Jahresauftakttreffens von ENERGETIX gehört das Ziel-Collagen-Training. Die Teilnehmer gestalten eine Collage aus Bildmotiven, Textzeilen, Eintrittskarten, vielleicht ein Stückchen Stoff, das für ein Designerkleid steht. Gemeinsam ist den Collagen-Elementen, dass sie einen Wunsch, ein Ziel formulieren. Die Teilnehmer visualisieren mit den Collagen ihre Ziele – mit immer wieder verblüffenden Erfolgen, wie sich bei den Folgetreffen ein Jahr später herausstellt. *Ich hatte ein Bild von einem BMW-Cabrio auf die Ziel-Collage geklebt*, berichtet eine Geschäftspartnerin. *Das Jahr war noch nicht vorbei, da stand der Wagen in der Garage.* Noch Fragen?

An Trainings teilnehmen

Den Job mit dem exklusiven Designschmuck mit integrierten Magneten können Sie in jeder Größenordnung betreiben: vom gelegentlichen Verkauf des Schmucks im Freundeskreis bis hin zur Führung eines Unternehmens, das vom Umsatz und von der Zahl der mitarbeitenden Partner die Dimensionen eines mittelständischen Unternehmens übertrifft. Beginnen können Sie tatsächlich aus dem Stand, mit minimalen Kenntnissen zu Produkt, Geschäft und Vergütungsplan. Auch aus einem solchen Minimal-Start kann, wie wir gesehen haben, ganz Großes entstehen. Die ersten Schritte machen Sie mit Ihrem Mentor. Beim Training on the Job zeigt er Ihnen, wie eine Schmuckpräsentation abläuft und erklärt Ihnen alles, was Sie für Ihren neuen Beruf wissen müssen. In den ersten sechs Wochen ist er Ihr primärer Ansprechpartner. Auch danach wird er Sie kontinuierlich betreuen, bis Sie das Geschäft beherrschen und eigenständig arbeiten können.

Ihr Mentor wird Sie auch auf die Trainings der ENERGETIX Erfolgsakademie hinweisen. Vielleicht treffen Sie ihn dort sogar als Trainer. Was Sie hier lernen, kommt direkt aus der Praxis. Programm und Inhalte der Akademie sind vom Unternehmen zusammen mit arrivierten Geschäftspartnern ausgearbeitet worden. Das Training vermittelt Basiswissen zu den Produkten, der Schmuckpräsentation und dem Vergütungsplan. Auch für den Teamaufbau werden Sie fit gemacht. Kontakte knüpfen, Nachtelefonieren, Einarbeiten neuer Partner – wenn Sie die Erfolgsakademie absolviert haben, haben Sie das Rüstzeug für Ihre Karriere. Ein wichtiges Arbeitsmittel ist das Management-System, mit dem Sie per Computer mit dem Unternehmen in Verbindung stehen. Ein spezielles Online-Training wird Sie dieses Instrument perfekt beherrschen lassen.

Je mehr Trainings Sie besuchen, desto sicherer werden Sie in Ihrem Beruf agieren können. *Jeden Beruf muss man erlernen. Um in den Job der Schmuckberatung reinzuwachsen, sollte man unbedingt an den Trainings teilnehmen – auch nach der Startphase immer wieder; schließlich will man nicht stehenbleiben*, so die plausible Erklärung einer Geschäftspartnerin. Absolute Top-Trainings werden Ihnen beim jährlichen Kataloglaunch geboten. Für dieses Event engagiert ENERGETIX die prominentesten Spitzenkräfte der Sprecher- und Trainerszene, deren Vorträge einmalige Erlebnisse sind. In Kombination mit dem Erfahrungsaustausch unter Geschäftspartnern sind diese Events von **unschätzbarem Wert für die Entwicklung von Karriere und Persönlichkeit**.

Persönlichkeit entwickeln

Job, Beruf und Karriere mit ENERGETIX drehen sich um den Verkauf von exklusivem Designschmuck mit integrierten Magneten und um das Weiterreichen der Job-Idee, den Teamaufbau. Im Laufe der Jahre hat sich durch die einzigartigen Arbeitsbedingungen ein weiteres Thema herauskristallisiert, das für jeden einzelnen Geschäftspartner von enormer Bedeutung ist: die Entwicklung der eigenen Persönlichkeit. Immer wieder war es in den Gesprächen, die bei der Vorbereitung dieses Buches geführt wurden, den Geschäftspartnern ein Bedürfnis, über dieses Thema zu reden. Sie schilderten überwältigende Erfahrungen.

Lebensqualität durch Selbstbewusstsein – so lassen sich die vielen Äußerungen zur veränderten Situation zusammenfassen. *Die Leute sehen uns jetzt wieder ganz anders an. Wir werden anders angesprochen*, sagt eine Geschäftspartnerin, die durch den neuen Job ihre finanzielle Situation konsolidieren konnte. Aber es sind nicht allein die verbesserten Einkommensverhältnisse. *Wir sind viel selbstbewusster geworden, weil wir gelernt haben, unsere Ziele konsequent zu verfolgen*, berichtet eine Mutter. *Davon profitieren auch die Kinder, auf die sich unser Selbstbewusstsein überträgt und die dadurch im Leben besser klarkommen werden.* Ein Geschäftspartner, der nach mehreren, finanziell erfolgreichen Berufsstationen zu ENERGETIX gefunden hat, beobachtet einen *Riesensprung in seiner Persönlichkeitsentwicklung*, weil er *endlich zu einer sinnvollen, erfüllenden Tätigkeit gefunden* hat. Die *große Anerkennung, die er von Kunden und anderen Geschäftspartnern* erfährt, *macht einfach nur Spaß*. Oft reicht ein kleiner Anstoß, um *Stärken zu wecken, die immer schon in einem geschlummert haben und erst durch den Job zum Vorschein kommen. Zu erfahren, dass* man *mit der eigenen positiven Ausstrahlung alles erreichen kann, kann ein Leben total verändern. Das Glas ist für mich jetzt immer halb voll*, sagt eine Geschäftspartnerin, die noch etwas ungläubig vor der Tatsache steht, wie einfach das Leben sein kann, wenn man es mit einem Mindestmaß an Bewusstsein angeht, indem man selbst die Richtung vorgibt. *ENERGETIX verändert die Blickrichtung. Du bekommst Ausblick und fragst dich, was du in Zukunft noch alles nutzen kannst.*

Das Geschäft wächst mit der Persönlichkeit und umgekehrt. Es gibt im System ENERGETIX viele Gründe für dieses Phänomen. Dass man **vollkommen ohne Druck und**

Stress arbeiten kann, ist für die meisten eine grundlegend neue Erfahrung. Sie allein reicht schon aus, sich als einen völlig anderen Menschen zu erfahren: frei und nur durch die eigenen Vorgaben bestimmt. Mentoren und Trainer machen eine ganz besondere Selbstwerterfahrung: Zu sehen, wie *durch die eigene Unterstützung Menschen zu Unternehmerpersönlichkeiten werden, den Dank dafür zu erfahren, ist ein tolles Gefühl. Es prägt, das Team durch Coaching in die richtigen Gleise zu bringen*. Die Dankbarkeit resultiert natürlich auch aus den vielen Privilegien, die jetzt im neuen Leben durch ein größeres Einkommen finanziert und genossen werden können – wenn man mit dem entsprechenden Engagement bei der Sache ist.

Geld verdienen

Bei der Tätigkeit eines freien Geschäftspartners von ENERGETIX gibt es zwei große Unterschiede zu beinahe jedem anderen Beruf: die Art und Weise, wie das Geld verdient wird und die Höhe des möglichen Einkommens.

Der exklusive Designschmuck stellt die Weichen. Die Kollektion ist so konzipiert, dass sie ein weltweites Publikum begeistert. Die Menschen wollen diesen Schmuck haben, sobald sie ihn sehen, weil die Trendscouts in jedem Jahr eine gute Vorarbeit leisten und die ENERGETIX Schmuckdesigner die Beobachtungen in fantastische Schmuckstücke umsetzen. Die Ausstrahlung des Schmucks, die spontane erste Wirkung sind bereits die besten Verkaufsargumente in einem Markt, dessen Wachstumsdynamik seit Jahren ungebrochen ist. Nahezu jede Frau trägt Schmuck, und die Männer „emanzipieren" sich auf diesem Gebiete stark zunehmend. Der zweite Wachstumsmarkt erschließt sich Ihnen durch die integrierten Magnete: Wellness boomt seit Jahren mit zunehmender Tendenz. Es warten also viele begeisterte Käufer auf Sie, denen Sie beinahe nichts erklären müssen, da der Schmuck für sich selbst spricht.

Diese Begeisterung prägt die Atmosphäre an Ihrem Arbeitsplatz bei der Schmuckpräsentation. Durch den Schmuck sind Ihre Kunden von vornherein bestens drauf. Sie freuen sich auf die Veranstaltung, die Stimmung ist großartig. Die Menschen sind Ihnen dankbar, dass Sie ihnen die Möglichkeit bieten, diesen Schmuck zu erwerben. Angenehmer kann die Ausübung eines Berufs kaum sein. Sie werden sich in dieser besonderen ENERGETIX Stimmung wohl und gut fühlen. Ein Geschäftspartner schildert, dass er erlebt hat, wie seine Frau jedes Mal *vor Glück gestrahlt hat, wenn sie eine Schmuckpräsentation veranstaltet hatte*. Für ihn war diese Erfahrung mit ein Grund, ebenfalls ins Geschäft einzusteigen. Und auch er genießt heute den Spaß und die Freude, die mit seiner Arbeit verbunden sind.

Ihr zweites großes Arbeitsfeld ist der Teamaufbau. Und auch hier herrscht eine tolle Atmosphäre – die gleiche, die Sie selbst bei der Einarbeitung erfahren, die Sie schon bei den ersten Schritten mit ENERGETIX erleben und die die Grundstimmung während Ihrer ganzen Laufbahn sein wird. Nahezu greifbar wird diese Stimmung bei den zentralen Events zum Jahresauftakt und beim Kataloglaunch. *Noch nie zuvor habe ich so viel positive Energie bei so vielen Menschen erlebt. Alle waren super drauf – die ganze Zeit. Und alles war echt, nicht gespielt oder gekünstelt.* Mit diesen Worten beschreibt ein Geschäftspartner sein erstes Erleben dieser unglaublichen Stimmung beim Event zum Jahresauftakt. Die Empfehlung an dieser Stelle kann nur sein: Machen Sie sich selbst ein Bild, erleben Sie diese Stimmung persönlich und entscheiden Sie dann, ob Sie auf diese Art und Weise arbeiten und erfolgreich sein wollen. Es ist ein leichtes Verdienen, wie es eine Geschäftspartnerin ausdrückt, die den neuen Job mit ihrem bisherigen vergleicht. *Der erforderliche Einsatz, um ein angestrebtes Einkommen zu erreichen, ist deutlich geringer als bei anderen Tätigkeiten.*

Womit wir bei der möglichen Höhe des Verdienstes sind. *Das, was hier an Geld verdient werden kann, ist in den meisten anderen Berufen nicht möglich, schon gar nicht als Frau*, so der Kommentar einer Geschäftspartnerin, die seit vielen Jahren erfolgreich ist. *An diesen Stundenlohn komme ich nicht ran, sagt der Mann einer Geschäftspartnerin*, der eine Softwarefirma betreibt. Grundlage für diese Verdienstmöglichkeit ist der *Vergütungsplan von ENERGETIX*, der neben der Begeisterung für den Schmuck immer wieder *ausschlaggebend ist, ins Geschäft einzusteigen. Mit Arbeit und Tun kann man hier alles erreichen*. Aber – um es noch einmal zu sagen – *man muss selbst aktiv werden, um in der fertigen Existenz, die ENERGETIX liefert, erfolgreich zu sein.* Kontinuierlich und mit Disziplin zu arbeiten ist, wie in jedem selbstständigen Beruf, für den Erfolg unverzichtbar. Was umso leichter fällt, da die Arbeit selbst permanent Spaß und Freude bietet. Man muss sich nicht verbiegen und kann Kunden und Teampartnern gegenüber vollkommen authentisch auftreten. *Das Geld kommt, wenn du für die Menschen da bist. Dann siehst du aber auch, wie leicht du Geld verdienen kannst. Niemals Druck auf den Kunden ausüben. Die Leute wollen Spaß haben; der Rest kommt von ganz allein, wenn wir uns wohl fühlen.* Was will man mehr?

Im Zusammenhang mit den Verdienstmöglichkeiten sei auch auf das ENERGETIXDrive-Fahrzeugprogramm hingewiesen: Je erfolgreicher ein Marketing Direktor sein Team betreut, desto höher fällt der Zuschuss seitens des Unternehmens aus, den er bei Teilnahme am Drive-Programm erhält. Diese echte Zuzahlung geht bis zur Leistung der kompletten Leasingrate für eine Limousine der Spitzenklasse – ein monatlicher zusätzlicher Verdienst, mit dem besondere Leistung besonders honoriert wird.

Frei arbeiten

Kein Druck gegenüber dem Kunden, kein Druck des Unternehmens auf die Geschäftspartner, Ziele definiert jeder ausschließlich für sich selbst. *Das Gute an unse-*

rem Job ist, dass jeder so viel machen kann, wie er möchte, da er ja leistungsbezogen bezahlt wird. Die Tätigkeit ist *absolut autonom*, zeitlich und örtlich ungebunden. Man arbeitet, *wo man will und wann man will. Die besonderen Strukturen bei ENERGETIX bieten die Freiheit, sich flexibel und effizient zu organisieren.* Man entscheidet selbst, *wieviel Zeit man für den Erfolg investiert und wieviel Zeit für die Familie.* Junge Familien, besonders auch alleinerziehende Menschen schätzen den *Job mit Freiraum für die Kindererziehung.* Auch die konkrete Planung der Tätigkeit ist dem Geschäftspartner überlassen. Er hat es in der Hand, wie er seine *Arbeitszeit aufteilt zwischen Schmuckverkauf, Gewinnung neuer Partner und Trainings.* Es resultiert daraus *ein Leben vollkommen ohne Stress mit absoluter Entscheidungsfreiheit.*

Freiheit ist ein großes Ding, so formuliert es ein sehr erfolgreicher Geschäftspartner mit großem Respekt vor der erarbeiteten und gewonnen Lebenssituation. Viele Geschäftspartner und Mentoren haben jedoch die Erfahrung gemacht, dass *die Freiheit nur mit einem hohen Maß an Selbstdisziplin geschaffen und aufrechterhalten werden kann. Die Freiheit, die wir genießen, ist fantastisch, aber für manche Geschäftspartner auch schwierig. Die muss man an die Hand nehmen,* sagt eine erfahrene Mentorin, *und ihnen klarmachen, dass sich der Erfolg nur mit der entsprechenden Disziplin einstellt.* Denn wenn die Freiheit überstrapaziert wird, kann es schnell zu einer Situation kommen, in der wieder Unfreiheit herrscht: im Portemonnaie und im Leben.

Den Einbruch überwinden

Der Einbruch in der Umsatzkurve muss nicht sein; das zeigen viele Beispiele. *Er kann aber jeden treffen,* auch die Besten. Das gilt nicht nur für den Direktvertrieb. Ausnahmesportlerin Franziska van Almsick weiß, wovon sie spricht, wenn sie sagt: Keiner, der in seinem Leben etwas Großes erreicht hat, ist immer nur vorwärts gegangen.

Fast immer ist der Einbruch die Folge eines Rückgangs der persönlichen Aktivität. Das kann durch die berühmte *private Baustelle* begründet sein, in der man einfach Zeit für andere Dinge braucht; das kann das *Bedürfnis nach einer Rückzugsphase sein, um sich neu auszurichten.* Auch hierfür braucht man Zeit, die dann weniger für den Job zur Verfügung steht. Diese Situationen führen zwangsläufig zu kleineren Zahlen auf der Haben-Seite: zuerst bei den Einnahmen durch den persönlichen Schmuckverkauf, dann durch die Einnahmen durch das Team, *weil das Team das nachmacht, was du vormachst.* Als Geschäftsfrau/-mann weiß man das. Und deshalb sollte man nur bewusst in eine solche Situation reingehen und das damit verbundene Risiko vorher mit einplanen. *Das Aufholen dauert doppelt so lange wie die Zeit reduzierter Aktivität.* Das unbewusste Hineinschliddern in die Inaktivität ist natürlich auch möglich. Wer im neuen Job *durch den schnellen Anfangserfolg überrascht wird, kann leicht nachlässig werden,* um dann feststellen zu müssen: So einfach ist es dann doch nicht. Aber auch der alte Hase, der *einfach mal weniger tun* will, muss wissen, dass die *unausweichliche Konsequenz ein Rückgang der Zahlen* ist. Er darf das tun, auch darin ist er als Geschäftspartner von ENERGETIX frei. Er darf sich aber nicht über die Folgen wundern. *Wer nichts macht, kann nichts erwarten*, so die schmerzliche Selbsterfahrung.

Selten kommt es vor, dass es für den Einbruch keine eindeutige Erklärung gibt. Plötzlich werden zugesagte Schmuckpräsentationen abgesagt, ein Teammitglied, in das man viel Zeit investiert hat, orientiert sich anders, ohne dass man den Grund erfährt. In all diesen Fällen gilt: Ruhe bewahren; alles gut; alles normal. Das Wichtigste ist zu wissen: Der Job mit ENERGETIX ist so strukturiert, dass es von Seiten des Unternehmens solche Einbrüche durchaus geben darf. Davon geht die Welt nicht unter. *Niemand hat uns auf den sinkenden Umsatz angesprochen*, erinnert sich eine Geschäftspartnerin. *Man hatte großes Verständnis für die persönliche Situation. Du gehörst dazu, auch wenn es mal nicht so gut läuft.*

Wichtig ist es, solchen Situationen mit Selbstbewusstsein zu begegnen, *sich auf die eigenen Stärken zu besinnen* und die entsprechenden Gegenmaßnahmen zu ergreifen. *Man darf sich von einem Rückschlag nicht runterziehen lassen. Ich weiß, dass ich es kann und ich weiß, dass ich es wieder kann*, sagt eine Geschäftspartnerin, die aus ihrer Krise gestärkt hervorgegangen ist, indem sie die Aktivitäten in allen Bereichen wieder angezogen hat, denn *bei ENERGETIX kann man sofort wieder durchstarten, wenn man es will*. Ein probates Mittel ist das Nachverfolgen der Daten aus dem Quittungsblock. *Ich habe meinen Block genommen*, berichtet eine Geschäftspartnerin, *und so lange telefoniert, bis ich mehr Termine hatte, als ich brauchte. Mit dieser Methode ging's wieder aufwärts. Jetzt bin ich wieder da, wo ich sein will.* Man sieht, dass der Neustart genauso einfach sein kann wie der Einstieg in den Job.

Es kann immer mal der Punkt kommen, wo es nicht so gut läuft und es kann jeden treffen, weiß eine erfahrene Mentorin, die selbst noch keine Rückschläge erfahren musste. Trotzdem bereitet sie jeden neuen Geschäftspartner schon zu Beginn auf dieses Phänomen vor – mit zwei sehr beruhigenden Aussagen: *Wenn es dich trifft, sofort den Mentor kontaktieren. Gemeinsam finden wir eine Lösung. Und bei denen, die in der Krise weitermachen, läuft's anschließend umso besser.*

Selbstverständliches beachten

Sie sind überzeugt und wollen einfach starten, nachdem Sie sich über ENERGETIX selbst Ihr eigenes Bild gemacht haben? Verständlich, wenn man den Job mit anderen Tätigkeiten vergleicht. Jetzt müssen Sie sich nur noch entscheiden, ob Sie voll oder zunächst mit dem zweiten Standbein einsteigen. In jedem Fall sollten Sie dabei zweigleisig fahren: mit dem Schmuckverkauf und mit dem Teamaufbau. Es wird Ihnen leicht fallen, die hierfür erforderlichen Kontakte zu knüpfen, da Sie die Ziele, die Sie sich gesetzt haben so schnell wie möglich erreichen wollen. Wenn Sie an den Trainings teilgenommen haben, wird es Ihnen umso leichter fallen. Sie werden die Erfahrung machen, dass sich Ihre Persönlichkeit durch die besondere Tätigkeit als selbstständiger Geschäftspartner entwickelt, dass man sein Geld leichter verdient als anderswo und dass bei entsprechendem Einsatz das Einkommen bedeutend höher ausfallen kann. Sie werden nicht mehr anders als frei arbeiten wollen und – sollte es in Ihrem Fall passieren – werden Sie einen eventuellen Einbruch gestärkt überstehen.

Es kann also losgehen!

Eine formale Kleinigkeit sollten Sie noch beachten: Sie müssen die jeweiligen Vorschriften einhalten, die in Ihrem Land zur Ausübung einer selbstständigen Tätigkeit gelten. In Deutschland müssen Sie bei Ihrer Gemeinde ein Gewerbe anmelden. Und sobald Ihre Tätigkeit in Fahrt kommt, raten wir Ihnen, die Hilfe eines Steuerberaters in Anspruch zu nehmen und mit ihm auch über Themen wie Krankenversicherung und Altersvorsorge zu sprechen.

Herzlich willkommen in Ihrer neuen Existenz als selbstständiger Geschäftspartner von ENERGETIX. Herzlichen Glückwunsch und viel Erfolg!

BERUFE

Diese Tätigkeiten haben die Geschäftspartner, die in diesem Buch vorgestellt werden, ausgeübt, bevor sie den Beruf mit Magnetschmuck von ENERGETIX gewählt haben:

Arzthelferin	45, 53	Maschinenbautechniker	37
Automechaniker	14	Modedesignerin	130
		Model	31
Bauingenieur	126		
Bürgermeister	98	Offizier	134
Büroassistentin	105		
Bürokauffrau/-mann	24, 102	Persönlichkeitstrainer	98
		Pharmazeutisch-technische	
Diplom-Betriebswirt	94	Assistentin	66
Diplom-Ingenieur	94	Physiotherapeut	119
Diplom-Verwaltungswirt	98	Projektmanager	94
Einzelhandelskauffrau/		Qualitätsprüfer	41
Einzelhandelskaufmann	56, 72, 112		
Erzieherin	34	Reiseverkehrskauffrau	143
Facharbeiterin	140	Schneiderin	59
Firmeninhaber/in	14, 130	Schreinermeister	83
Fitness-Trainerin	31	Sozialpädagogin	34
Floristin	37		
Flugzeugmechaniker	115	Taxifahrer	115
Friseurmeister	79	Touristikfachfrau	109
Gärtnerin	123	Unternehmensberater	45, 115
Handelsvertreter	130	Verkäuferin	137
Headhunter	24	Versicherungsmakler	115
Heilpraktiker	126	Verwaltungsangestellter	98
Hotelkauffrau	21, 62, 90	Vitalberaterin	45
Hubschrauberpilot	130		
		Wirtin	143
Köchin	102		
Kosmetikerin	49, 86	Zahnarzthelferin	18, 41, 69
Krankenpfleger/-in	27, 75		
Landschaftsgärtnerin	143		
Lastwagenfahrer	115		

Hans-O. Marquass

Als selbstständiger Werbetexter, freier Journalist und Fachbuchautor hat der Autor über drei Jahrzehnte Strukturen und Arbeitsbedingungen der unterschiedlichsten Unternehmen kennengelernt. Seine Erfahrungen, die intensive Beobachtung des Direktvertriebs und schließlich die Begleitung von ENERGETIX haben dieses Buch initiiert. Nach vielen Interviews mit Geschäftspartnern von ENERGETIX, die mit großem Vertrauen geführt wurden, ist ein Buch entstanden, das anregt, in Beruf und Karriere mit Magnetschmuck einzusteigen. Der Titel des Buches ist Programm: Mach's einfach!